魏成富 徐林峰 黄辉 等 著

基于群决策理论的PPP项目投资决策研究

——以SJ公司为例

PPP Project Investment Decision Based on the Group Decision Theory

——A Case Study of SJ Company

东北财经大学出版社
Dongbei University of Finance & Economics Press
大连

图书在版编目（CIP）数据

基于群决策理论的PPP项目投资决策研究：以SJ公司为例 / 魏成富，徐林峰，黄辉等著．—大连：东北财经大学出版社，2020.12
ISBN 978-7-5654-4024-3

Ⅰ．基…　Ⅱ．①魏…②徐…③黄…　Ⅲ．政府投资-合作-社会资本-投资决策-研究　Ⅳ．①F830.59②F014.39

中国版本图书馆CIP数据核字（2020）第217082号

东北财经大学出版社出版
（大连市黑石礁尖山街217号　邮政编码　116025）
网　址：http：//www.dufep.cn
读者信箱：dufep@dufe.edu.cn
大连图腾彩色印刷有限公司印刷　东北财经大学出版社发行

幅面尺寸：185mm×260mm　字数：178千字　印张：14.25
2020年12月第1版　2020年12月第1次印刷

责任编辑：王　莹　周　慧　责任校对：慧　心
封面设计：冀贵收　版式设计：冀贵收

定价：40.00元

教学支持　售后服务　联系电话：（0411）84710309

如有印装质量问题，请联系营销部：（0411）84710711

撰写人员名单

组　长：

魏成富　中国中铁四局集团有限公司

徐林峰　中国中铁四局集团有限公司

黄　辉　华东交通大学

主要成员：

翁克江　中国中铁四局集团有限公司

王　健　中国中铁四局集团有限公司

周　鑫　江西省卫生健康委员会

赵　琰　中国中铁四局集团有限公司

陈建藏　中国中铁四局集团有限公司

王　淼　中国中铁四局集团有限公司

郑　骞　北京思源时代科技有限公司

陈　焱　中国中铁四局集团有限公司

李　锋　中国中铁四局集团有限公司

单维银　中国中铁四局集团有限公司

尹　亮　中国中铁四局集团有限公司

傅　阔　中国中铁四局集团有限公司

凡　凯　中国中铁四局集团有限公司

汪　俊　中国中铁四局集团有限公司

朱　玥　中国中铁四局集团有限公司

何亮亮　中国中铁四局集团有限公司

张鸿鹏　中国中铁四局集团有限公司

Preface

前言

PPP模式作为一种公共基础设施项目运作模式，既能够有效吸引社会资本投放到基础设施项目中，又可以帮助政府协调基建资金短缺与公共财政困难的矛盾，从20世纪80年代以来得到了不断的扩大和增长。从文献和实务中不难发现，PPP模式的应用受到了经济、政治及政策环境、市场、PPP项目特征、施工企业自身能力等因素的影响，再加上PPP项目具有投资金额大、建设和运营时间长、风险高及契约不完全性等特点，因此PPP项目比传统的工程项目环境更为复杂，运作程序更为繁杂，并且面临更大的风险。对社会资本方而言，构建PPP模式的投资决策运行机制、识别项目风险以及投资决策的关键影响因素，是PPP模式研究中重要的分支。以往学者们从风险分担和政府激励机制设计等角度，基于实物期权、委托代理理论和前景理论等建立模型，对PPP项目的投资决策问题也做了相关研究。本书从多维度的影响及风险因素出发建立一套PPP项目投资决策模型及相关指标体系，并以SJ公司投资和待投资的项目为例，采用所构建的决策模型对案例进行评价和排序，进而达到帮助企业完善投资决策的效果。

SJ公司作为大型央企的二级公司、PPP项目的社会资本方，2017年成立了专业的PPP项目投资运营公司，负责PPP项目及其他项目的运营维护工作，并主投了数十个大型PPP项目。为了规范PPP项目投资经营行为、防范投资风险、提高投资收益，SJ公司从2017年开始着手进行PPP项目管理制度的设计。因此，本书在文献阅读和理论分析的基础上，以SJ公司的PPP项目投资管理制度为指导，通过专家访谈、问卷调查，构建基于群决策理论的PPP项目投资决策模型，并通过案例对该模型的科学性和可操作性进行验证。

本书主要内容为：（1）以SJ公司为例，首先分析了PPP项目的运转流程和PPP项目的投资决策流程，然后分析了新公共管理理论和群决策理论对PPP项目投资决策的指导作用，最后分析了基于群决策理论的PPP项目投资决策方法选择及实施步骤。（2）在对SJ公司及其PPP项目介绍的基础上，分析了SJ公司PPP项目投资决策管理办法的制定过程，并对《SJ公司PPP项目投资开发管理办法》、《SJ公司PPP项目尽职调查管理办法》和《SJ公司PPP项目投标管理办法》进行了简要介绍。（3）通过文献阅读、专家访谈、问卷调查法和MA-OWA算子等方法确定PPP项目投资决策指标体系，对所选指标体系的数据来源和评价依据进行了分析；运用群组AHP聚类分析法判断矩阵确定一级指标的主观权重，采用MA-OWA算子得到二级指标的主观权重，将两种权重归一化得到综合主观权重；然后运用基于熵权法的群决策模糊综合评价法确定各指标的客观权重。（4）选取SJ公司5个具体的PPP项目，对投资决策模型的合理性和可操作性进行验证，并分析其优点。

本书认为，在PPP模式的两大核心主体中，政府方为了规范PPP项目运作，出台了一系列政策、法规和规章制度，而这些政策、法规和规章制度只有在社会资本方的配合下才能有效落地，这就需要社会资本方将PPP项目规范化和标准化地列入企业经营管理体系。SJ公司在这方面取得了有益的成果，可供同行参考。

在本书的编写过程中，魏成富、徐林峰和黄辉承担了主要撰写工作，翁克江、王健、周鑫、赵琰、陈建藏、王森、郑骞、陈焱、李锋、单维银、尹亮、傅阔、凡凯、汪俊、朱玥、何亮亮、张鸿鹏参与了资料整理、数据采集与分析、部分章节的撰写等工作。

由于水平有限，书中难免有疏漏和不足之处，敬请广大读者批评指正。

作　者

2020年8月

Contents

目录

目录

Contents

第1章
绪论

1.1 研究背景及意义

1.1.1 研究背景

近年来，作为解决政府债务问题和基建难题的一种重要手段，PPP（政府和社会资本合作）模式得到了业界的广泛研究与讨论，该模式表征了公共部门与私人部门的一种协作关系，PPP模式作为一种公共基础设施项目运作模式，既能够有效吸引社会资本投放到基础设施项目中，又可以帮助政府协调基建资金短缺与公共财政困难的矛盾。自20世纪80年代以来，PPP模式的应用范围得到了不断的扩大和增长，尽管之后全球金融危机的影响使得PPP模式经历了寒冬时期，但随着中央政府提出让社会资本进入公共领域，各级政府各种支持性政策、举措的出台，使得PPP模式获得了迅猛的发展。我国在能源、交通运输、市政工程、生态环保、通信等行业采用PPP模式，为我国PPP模式的后续发展积累了宝贵的经验。

从PPP项目投资金额的走势看，整体呈现增长的态势，截至2020

年7月31日，我国PPP项目投资金额达到14.39万亿元。如图1-1和图1-2所示，我国市政工程PPP项目达到3 805项，占全部PPP项目数量的40.23%。市政工程PPP项目的投资金额达到4.16万亿元，占全部投资金额的29.08%；交通运输项目数量达到1 317项，投资金额为4.58万亿元，占全部投资金额的比例高达31.83%。

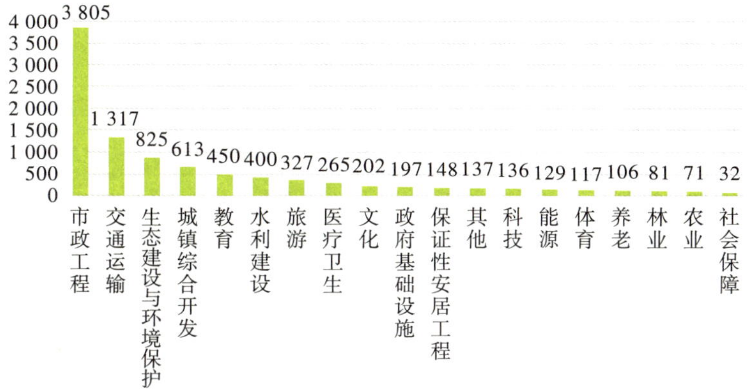

图1-1　中国PPP综合信息平台项目结构（按项目数量，单位：项）

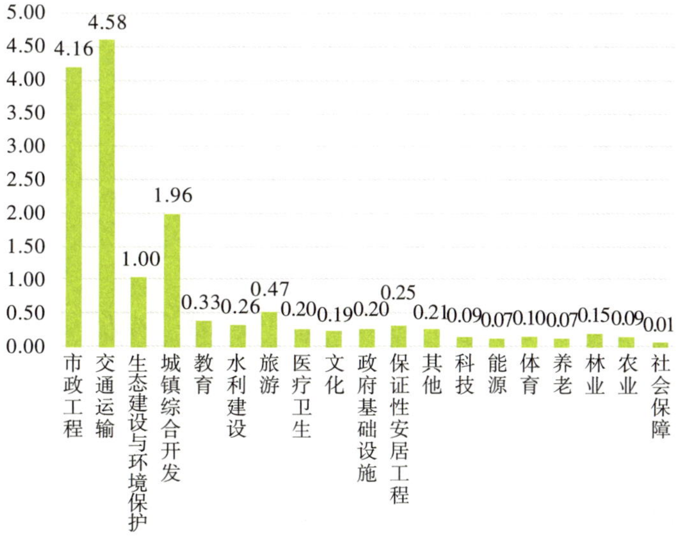

图1-2　中国PPP综合信息平台项目结构（按投资额，单位：万亿元）

PPP模式在一定程度上仍然存在着一些无法回避的问题，这些问题不但会影响PPP项目的可行性，作为风险因素，同时还会影响到社会各方参与的积极性。温来成（2016）发现现行PPP模式推广过程中存在如下不健康现象：有关主管部门对PPP认知不全，私人资本反应谨慎，风险估计不足，财政风险控制不全以及PPP项目存在一哄而起甚至是包装项目。究其原因，余逢伯（2015）概括为以下几点：缺少专门的PPP法律，价格、收益分配制度无法适应新形势，相关法律法规层次低、交叉严重，机制不健全，效率不高，竞争力受到限制。这些都增加了PPP项目运营的不确定性。周正祥（2015）也承认PPP项目在中国存在一些亟待改善的弊端，如缺乏PPP模式应用的法律体系，契约意识淡薄，公共利益受损，PPP项目价格形成机制不合理，政府监管力度把握不准。李金龙等（2017）则认为现行PPP模式存在公共参与程度低下、PPP管理机构尚未建立、监督机制不健全和法律法规不完善等问题。作为具备确保国有资产保值增值和负担社会责任双重使命的国有企业，在参与PPP项目过程中不但需要考虑社会贡献度，更应当理性地分析项目投资中包含的风险和成功因素，在决策初期就应对其进行充分的研判和全方位的识别，避免国有资产的损失和项目的失败。

综合国内外文献不难发现，PPP模式的应用受到经济、市场、政治及政策环境、PPP项目特征、施工企业自身能力等因素的影响，而且PPP模式运作程序繁杂，运行风险大，再加上PPP项目具有投资金额大、建设和运营时间长、风险高及契约不完全性等特点，PPP项目的环境比传统的工程项目更为复杂，并且面临更大的风险。同时，PPP项目多为公益性项目，该项目出现偏差所引发的后果将会十分严重。因此，PPP项目投资决策十分重要。对社会资本方而言，构建PPP模式的投资决策运行机制，识别项目风险以及投资决策的关键影响因素，是PPP模式研究中重要的分支。以往学者们从风险分担和政府激励机制设计等角度，通过实物期权、委托代理理论和前景理论等出发建立模型对PPP项目的投资决策问题也做出了相关研究。本书则从多维度的影响及风险因素出发建立一套PPP项目投资决策模型及相关指标体系，并以SJ公司投资和待投资的项目为例，采用所构建的决策模型对案例进行评价和排序，进而达到帮助企业完善投资决策的效果。

1.1.2 研究目的

本书在以往研究资料和相关研究成果的基础之上，以社会资本方作为投资主体，通过文献整理、专家访谈、实证分析等方法分析并建立完整的PPP项目投资评价指标体系，并结合具体案例予以适用分析，本书的研究目的如下：

（1）从社会资本方的视角出发，结合国内外文献识别PPP项目投资决策流程以及影响投资决策的关键因素，通过专家讨论、问卷调查、实证分析等手段建立PPP项目投资决策影响因素分析框架并确定因素权重，分析其中所存在的问题并建立可实施的相关评价指标体系以供企业、政府以及其他PPP项目利益相关者参考使用。

（2）在投资决策影响因素分析框架的基础上，结合具体的PPP项目案例，计算项目综合排序，并将项目进行相互比较，对项目优劣程度进行排序，从而为项目决策提供参考。

1.1.3 研究意义

PPP模式的发展使得社会资本方如建筑类企业从单纯的施工承包商向项目的投资、运营角色转变，身份的转换使得社会资本方将要面对的不仅仅是项目建设施工等问题，从全生命周期理论角度来看，PPP项目从落地到建设、运营再到移交的全过程都充满了未知数，风险因素和对风险的防控要求也远远高于传统的建设项目。这就对项目前期阶段的决策提出了更高的要求，而决策作为一项系统性的管理业务，要求深入地综合考虑内外部主客观环境的影响，评价投资主体的优劣势，分析外部环境以及主体对外部环境的适应能力，从中发现机遇和威胁，从而制定出基于自身条件和外部环境的合理且科学的决策，由此防止自身利益受损。另外，很多PPP项目都具有公益性质，项目的失败必然导致公众利益受损并产生负面效益，对参与的社会资本方和政府的形象都会造成不良影响。因此，如何提高社会资本方参与PPP项目的投资决策能力就显得十分关键。目前，对PPP项目研究主要集中在项目的风险分担、经济可行性、盈利能力、投资环境（包括政治和经济环境等）等方面。对于PPP项目投资决策的研究还较为缺乏，我们还发现现有的少量研究PPP项目投资决策的文献也主要集中在通过实物期权、蒙特卡洛模拟、前景理论等方法围绕投资收益率等经济指标定量地进行项目投资决策分析。而PPP项目的风险特性是广泛而隐藏的，往往需要以专家的经验谨慎而理性地予以分析，尽管这样的一种决策具有较强的主观性，但依据资深专家的经验判断有时往往具有较高的可靠度。所以本书在国内外文献和国内PPP项目失败案例的基础上，结合实地走访调研，并与行业资深专家深入访谈，从PPP项目具体环境、特征及社会资本方自身素质出发寻找影响PPP项目成功的潜在因素，识别企业投资决策的影响因素，剖析决策流程和思路，为同类企业或其他类型的企业及相关方提供一定的理论参考与实践经验。同时，也丰富了PPP项目投资决策领域的理论与案例研究，具有一定的现实与理论意义。

1.2 文献回顾

PPP项目投资决策文献回顾主要从两个方面进行：一是PPP项目投资决策需考虑的因素；二是PPP项目投资决策方法。

1.2.1 PPP项目投资决策需考虑因素的文献回顾

通过对文献的阅读和整理，本书总结了进行PPP项目投资决策需考虑的因素，包括经济、市场、政治及政策环境，PPP项目特征，施工企业自身能力五个方面。

（1）经济环境

①宏观经济指标波动。Froud（2003）认为宏观经济波动和不稳定通常有碍于PPP项目成功概率的提高，反之会对PPP项目产生积极的影响。张秀莲（2012）通过比较29个省市的不平衡指数，发现影响公共基础设施投资的重要因素包括社会经济发展水平和基础设施投资。

②所在地经济增长速度。Hammami（2011）通过分析“金砖四国”发现，PPP制度的成熟度和经济发展速度对发展中国家基础设施PPP项目的开发产生影响。中国是“金砖四国”中经济发展最快、基础设施PPP项目数量最多的国家；俄罗斯是“金砖四国”中经济增长最慢、基础设施PPP项目数量最少的国家；印度和巴西位于二者之间。这表明经济发展通常可以促使基础设施PPP项目的数量增加，也意味着随着宏观经济环境的改善，公共部门可以获得更多的私营部门资金。张水波（2015）则指出，对发展中国家而言，经济发展越快，基础设施PPP项目的数量就越多。因此，经济增速对PPP项目发展起到促进的作用。

③项目所在地城市化程度。张林秀等（2005）认为当地城市化程度是影响中国公共基础设施投资的决定性因素。城市化程度越高，经济发展水平越高，集体企业和个体工商户所占比例越大，投资能力越强。张水波（2015）指出，发达地区对PPP模式的需求强劲，该地区的投资环境较为宽松，投资收益预期良好。对于经济欠发达地区，市场化程度可能也会相对较弱。因此，对于一些较好较稀有的项目，政府可能就会做出限制社会资本方进入的决定，而私人部门出于对风险的考虑，往往不会选择那些风险较大的项目，这样便妨害了PPP项目健康发展。Scherrer W（2010）

认为公私伙伴关系的作用正在增长，与此同时，经济自由度、创新和高水平生产力也对PPP模式的发展起到推动作用。PPP项目的主要集中领域在市政工程和交通运输等基础设施项目中，经济不发达地区基础设施建设相对落后，市场和经营环境有待提高，经济发达的省份区域则情况较好。

④项目所在地经济结构的稳定性。吴思康和刘穷志（2017）指出，宏观经济稳定是PPP项目成功和私人部门参与的重要因素。张水波（2015）同样指出宏观经济因素不稳定对于企业参与PPP模式来说是一个很大的风险。

⑤项目所在地人均收入水平。刘阳（2009）通过主成分分析方法构造基础设施存量指数，构建投资需求量的模型，预测未来基础设施投资额。研究表明，随着人均收入水平的提高，基础设施的总需求将继续增加。因此，从市场需求的角度来看，经济越发达，市场需求越高，企业从项目中得到的收益也会越稳定。

⑥项目所在地政府债务规模和结构。王莲乔等（2018）利用亚洲开发银行在2010—2015年的358个国际PPP项目数据的实证分析来验证融资强度与财务风险之间的关系，认为项目所在地政府债务规模和结构影响PPP项目融资强度与财务风险之间的关系。

（2）市场环境

①项目所需相关资源的市场价格及未来波动情况。Grimsey和Lewis（2002）认为基础设施项目风险除了建造技术和运营风险之外还包括收益风险以及财务风险。因此，稳定的市场购买力和市场价格对于PPP项目而言至关重要。市场购买力是吸引社会资本方参与PPP项目的重要因素，稳定的市场决定了稳定的收益和更微弱的风险，这也是企业乐于得见的。

②项目所在地人口的规模和流动情况。市场环境的变化不仅会给企业带来市场机遇，还会有一定的威胁。Sharma（2012）使用1990—2008

年的跨国面板数据分析了发展中国家PPP项目的影响因素。研究表明，PPP项目的推广随着市场规模的增加而增加，随着收入水平的增高而发展。吴思康和刘穷志（2017）通过实证研究发现市场规模是促进PPP项目正向发展的影响因素，人口大省存在更多潜在消费者，需要更多的公共基础设施。这些地区必须为大量人群提供公共服务，这一需求状况对私人投资者更具吸引力，也正是PPP项目开展和企业参与的关键因素。Vagliasindi（2012）经过研究也发现市场规模大小与PPP项目引入存在显著正相关关系，因此认为市场规模越大越能够吸引社会资本方参与PPP项目。稳定的市场不但取决于政府对于相关竞争的限制，即在项目商议阶段所做出的限制竞争承诺，更重要的是具有一定的市场规模和需求，人口数量在很大程度上能够反映市场规模。

③项目所在地市场自由度。吴思康和刘穷志（2017）研究发现，经济自由度对于PPP项目的实施具有积极影响。经济自由度越高，实施PPP项目越有利。

④项目未来市场需求及波动情况。Demirag（2011）提出，对产品和服务的长期需求以及公共购买力是PPP模式成功的关键，同时也是私人部门参与PPP项目的关键诱因。市场需求大小与企业参与PPP模式的程度也存在显著正相关关系。Ke Y（2010）、张红平（2016）都认为市场需求变化属于PPP项目风险和关键成功因素。刘星（2016）指出外部需求的下降和未来需求不确定性的增加对资本投资产生了直接影响。需求下降可能导致企业投资机会减少，导致资本投资下降。

（3）政治及政策环境

①PPP模式相关政策变动程度。政府具备改善自身条件从而吸引社会资本方参与PPP项目的动机。Carranza和Daude（2011）指出，资金短缺是政府实施PPP项目的主要原因之一。中国地方政府的收支平衡与PPP项目的规模呈负相关关系。在差异较大的地区，PPP项目投入使用的次数较少。罗煜和王芳（2017）在文中提出公私分担风险是推动公共

产品投资和提供绩效激励的手段之一。私人部门分担的风险比重越高，投资额度越大，PPP项目越容易失败。通过对大量文献的梳理发现，绝大多数学者都支持区域政治环境特征对企业参与PPP项目存在不同程度的影响的观点。Sachs等（2007）发现成功的PPP项目依赖稳定的法律和政治环境，尽管私人资本是一种重要的资金来源，发展中地区的政治不确定性因素使得其仍没被合理利用和开发。他同时还发现投资方对政治风险的识别和感知与PPP项目机遇有积极的关联。国家风险越大，所承诺的PPP项目机会越少。随着政治风险的增加，PPP项目机会则会不断地减少。比起成熟经济区域，发展中国家PPP项目需要对抗更多的风险因素。

②项目所在地政府诚信度。Chou和Pramudawardhani（2015）认为项目在政府层面的风险包括：腐败和受贿、缺乏政府支持、政府干预、政府可靠性，且各个风险因素之间存在着一定的关联关系。从社会资本方的角度来看，PPP投资的驱动因素有腐败、政府干预和政府可依赖性。同样，Hammami等（2006）使用世界银行的PPI数据库来验证政府控制腐败的能力与PPP项目投资之间存在明显的相关性。王俊豪（2014）认为尽管中央和各级地方政府一再强调应鼓励和支持社会资本方投资城市公用事业及基础设施领域，但是实践过程中存在许多隐藏的障碍：社会资本方很难参与市场公平竞争。缺乏政府管控和越位行为仍然是阻碍公私伙伴关系的健康发展的主要因素。卫志民和孙杨（2016）也指出，不正当的政府行为，如审批延误、决策失误、周期拖沓漫长、政府不诚信以及官员寻租行为都会对项目产生直接或间接的影响。

③项目所在地政府办事办公效率。杨雷和李晓震（2017）指出，由于对当地威立雅污水处理PPP项目的理解有限，政府对项目态度的频繁变化导致项目谈判时间过长。

④项目所在地政府相关PPP经验。亓霞和柯永建（2009）指出，基

础设施行业涉及一个地区的经济命脉。某些基础设施是不被允许私人资本投资的，因此地方政府更倾向于对容易识别的公共基础设施进行投资，比如道路、桥梁、港口等。对两个世纪以来100多个国家的数据研究表明，政治环境是国际公共基础设施投资差异的主要因素。政策和政治环境因素可能对PPP项目投资回报产生影响。政府的决策过程不规范、官僚主义、缺乏PPP项目运作经验和能力、缺乏准备和信息不对称，导致项目决策失误和过程漫长。

⑤项目所在地政府对竞争限制的承诺。Brinkerhoff（2011）指出，公私伙伴关系（PPP）一直被作为解决紧迫社会问题的方案来提倡和研究。政府在PPP关系中扮演的角色十分重要。一方面在于政府必然要尽力保证公共利益与私营部门参与者加入PPP项目获得的私人利益平衡。另一方面，政府自身是否做出此类限制竞争的保证也能影响企业参与PPP项目的程度甚至是项目的成败。

⑥项目的公众支持度。Sachs等（2007）指出公众反对风险是PPP项目面临的风险因素之一，也就是说公共利益因各种原因不受保护或被损害，导致公众反对项目建设带来的风险。

⑦地方政府出台的有关PPP模式的激励措施和优惠政策。Vagliasindi（2012）一方面发现税收优惠政策对于将PPP模式引入可再生能源领域存在显著正向影响，另一方面发现对腐败进行控制对于吸引社会资本方也有积极影响。郑子龙（2017）使用PPI数据库收集1998—2013年间共计16年的项目承诺投资额的面板数据，覆盖了108个发展中国家，得出的结论是，政府治理水平越高，社会资本方参与PPP项目的可能性就越大。在Chou和Tserng（2012）的文章中，政治治理也是PPP项目成功的关键因素之一。也就是说政府治理水平的高低显著影响投资者的信心。刘洪波等（2018）则通过问卷调查的方式从微观的角度得出结论：政策支持和信任水平都能够影响社会资本方参与PPP项目的积极性。柯永建（2009）从政府激励的视角研究发现税收减免措施得分最高，即激

励效果最好。郑传斌（2018）研究发现，在五大CSFs和项目绩效中，付费类型存在着调节效应。寻找政府担保可以激励社会资本方进入投资大、风险高、时间长、合同结构复杂的基础设施项目。但值得注意的是，不合理的激励措施也会导致私人方过度依赖政府承诺而忽略理性的市场评估，进而导致项目失败。

（4）PPP项目特征

PPP项目是一个系统性工程，参与者众多、知识领域广泛、自身特征比较复杂。向鹏成等（2017）指出，由于PPP项目本身的特点，并不能将对PPP项目投资回报具有影响的因素归结为外部环境中的某个维度，这些因素的变化将对PPP项目的投资回报产生不同程度的影响。从中国现行PPP项目的实践分析来看，有必要考虑项目是否有可行的投融资计划、PPP项目是否符合公司战略、项目有无明确且合理的风险分担程序、项目是否容易受到自然灾害等不可抗力的影响、项目所在地地方政府对竞争限制的承诺、是否有明确的退出机制和项目的公众支持度等。

（5）施工企业自身能力

PPP模式给建筑企业和施工企业带来巨大改变。张倩和尹贻林（2018）指出，施工建筑企业参与PPP项目的主要目的是获得建筑承包权，最大化自身利益，进而促进主营业务的可持续发展。中国的大型建筑企业具有资金比率大、经营周期长、项目覆盖面广的特点。在投资方向和行业特征的影响下，大多数国有建筑企业的组织结构相似，生产水平相近，产业集聚水平低，利润率仍有待提高。如何提高建筑公司的竞争力，培养其PPP项目运营能力，从而在项目的源头和运作中获得可持续的竞争优势和竞争力，已成为中国建筑企业迫切需要解决的问题。Hatush和Skitmore（1997）通过研究项目资格预审和投标阶段，构建了衡量建筑公司竞争力的五个因素，包括资产能力、技术能力、管理能力、质量和安全以及声誉。

1.2.2 PPP项目投资决策方法的文献回顾

查找出PPP项目投资的影响因素后，怎么对这些因素进行整合，得出一个综合的评价结果，就是PPP项目投资决策方法需要考虑的问题。选取合适的方法对PPP项目的投资进行研究是使得决策建议具有可靠性和科学性的重要基础。对于PPP项目的投资决策方法，学者们进行了研究，归纳起来大致可以分为定量决策方法和定性决策方法两种。

（1）定量决策方法

PPP项目常见的定量决策方法主要包括传统投资决策方法、蒙特卡洛模拟（MCS）法、实物期权法、基于前景理论的期望收益法等。定量分析法的优点在于以客观数据为基础，减少了主观因素的偏差，得出的结论也更为客观。但由于我国PPP项目兴起时间并不长，绝大部分的项目仍处在建设期，只有少部分项目已进入运营期，缺乏完整的历史数据可供借鉴，定量分析所依靠的数据和假设前提的可靠性还有待考究。因此，在实际决策过程中得出的结果可能与实际状况产生偏差。

①传统投资决策方法。在传统投资决策领域最常使用的有净现值（NPV）法、内部收益率（IRR）法、投资回收期法、投资收益率法等。其本质就是将项目的未来现金流量按照一定的折现率贴现的现金流法。净现值法是项目价值评价中最为经典的定量评价方法，其不但在理论界得到了广泛的运用，也得到了企业的认可并作为PPP项目评价中最常用的方法之一。该方法的实质是将项目生命周期各阶段的投资、成本、收益等现金流量，使用确定的资本成本率进行折现计算，既考虑了现金流量又考虑了项目的时间价值。例如，郝德强（2018）将资本成本率分解为无风险资本成本率和风险成本率，同时通过标准差率来确定现金流量的风险调整系数，并基于该净现值修正模型计算了PPP项目的物有所值评价值。然而，净现值法却没有考虑到项目规模差异所带来的影响，投资收益率法和内含报酬率法则可以很好地弥补该不足，便于不同规模的

项目之间相互比较。

这些传统投资决策模型也存在使用前提，例如，市场情况确定、投资可逆、刚性投资等。市场情况确定所指的是项目的预期收益不会随市场条件的变化而改变，投资可逆指的是当项目的投资回报率低于预期值时，项目的投资全部可以收回。然而，市场情况复杂多变，PPP项目投资大多数不具有可逆性。因此，传统投资决策模型的前提条件的实现具有很高的难度。

②蒙特卡洛模拟法。在PPP项目投资风险分析中，最常用的方法还有蒙特卡洛模拟法，随着计算机技术的发展，蒙特卡洛模拟法也得以实现。在对PPP项目进行蒙特卡洛模拟实验时，大部分学者所使用的参照点是NPV和IRR。Wibowo（2013）采用蒙特卡洛模拟法对印度尼西亚的PPP项目进行了风险识别与分析，将潜在的风险进行量化处理，并得到相关的分布函数，再通过风险分析软件进行蒙特卡洛模拟，得到影响PPP项目收益的关键风险因素。许华江（2017）基于蒙特卡洛模拟法对海外EPC+PPP项目进行风险评估，证实了该方法的适用性。施颖（2015）则以内部收益率法通过蒙特卡洛模拟仿真测算合理的经营期，为PPP项目投资决策提供了有益的思路和参考。

③实物期权法。实物期权法是将未来的投资机会当作一种期权抑或选择权，投资者可以通过最大化该期权的价值来获取最大收益。近年来，学者们对实物期权法在PPP项目投资决策中的应用进行了探讨。于洋（2017）利用二叉树实物期权定价模型对项目中隐含的期权进行定价，界定了城市供水PPP项目的不确定性价值，精准反映了该项目的实际价值。唐祥忠（2018）以居家养老PPP项目为研究对象，通过实物期权理论构建了PPP项目投资决策模型，探讨了最优投资决策规则，为PPP项目投资决策提供参考。Chao Wang（2012）也通过嵌入实物期权模型计算期权净现值的方式为停车场规模决策问题提供依据，从而优化了PPP项目的决策过程。实物期权法的定量化研究使得PPP项目投资决

策更加概念化和模型化，同时该方法也充分考虑了未来不确定性变化对项目的影响。

④基于前景理论的期望收益法。在考虑投资者非完全理性的基础上，有学者也开始使用前景理论来研究PPP项目的投资决策。前景理论是Kahnemanand Tversky（1979）在1979年首次提出的，前景理论可以描述为：决策者处于不同的盈利状态或亏损状态会使其在面临相同的环境时做出不同的选择。前景理论一经推出就受到广大学者的激烈讨论与应用，在国内外学者的投资领域研究中，前景理论得到了大量的证实。例如，Robert（1997）以职业经理的证券投资行为为研究对象，通过问卷调查的形式研究投资者的风险偏好，得出了职业投资经理在风险认知方面存在“损失厌恶”的特点，表现出“收益时风险规避，损失时风险寻求”的特征。在PPP模式领域，张惠琴（2018）从投资者的投资行为和心理状态为视角，根据前景理论，考虑到投资者在进行投资决策的时候并非完全理性状态，以最低期望收益为决策参考点，引入决策者的主观风险偏好并将概率转换为决策权重，加入项目的总投入和总收益，构建出决策者进行PPP项目投资决策的理论模型。吴孝灵（2016）也借助前景理论，根据私人投资要求的特许收益作为其决策参考点，继而建立起依据政府不同补偿情景下的私人投资决策模型，并通过数值分析对结论加以验证。但一方面，学者们尚未对价值函数和权重函数的形状、参数等方面达成共识。在预测方面，相较于传统期望理论，前景理论并未能拥有更大的优势。另一方面，由于职业背景、文化习俗、行业的不同，前景理论的应用也出现了结论不一致的情况，该理论的普适性还有待进一步的分析和检验。因此，前景理论就目前的研究而言也存在着其固有的局限性。

（2）定性决策方法

定性分析法的好处就在于，在数据缺乏的时候，能够借鉴专家的意见对项目的投资决策进行评价。这往往能够弥补由于数据不准确或者缺失带来的负面影响，但该类方法固有的主观随意性就要求在选择专家和决策的过程应当认真谨慎。反之，便无法起到相应的效果。

①模糊综合评价法。模糊综合评价法是一种基于模糊数学的综合评价方法。该综合评价法根据模糊数学的隶属度理论把定性评价转化为定量评价，即用模糊数学对受到多种因素制约的事物或对象做出一个总体的评价。它具有结果清晰、系统性强的特点，能较好地解决模糊的、难以量化的问题，适合对各种非确定性问题的解决。Xu（2012）等通过模糊综合评价法，建立了PPP项目的风险评估模型，继而帮助企业通过分析相关风险因素进行PPP项目的投资决策。

②层次分析法（AHP）。层次分析法是指将一个复杂的多目标决策问题作为一个系统，将目标分解为多个目标或准则，进而分解为多指标（或准则、约束）的若干层次，通过定性指标模糊量化方法算出层次单排序（权数）和总排序，以作为目标（多指标）、多方案优化决策的系统方法。毛亮（2018）利用层次分析法识别PPP模式的风险因素评价，从而为决策提供参考。Ameyaw（2015）以发展中国家供水PPP项目为基础，研究识别了22种重要的风险因素，并分析了每种风险的平均水平。

③问卷调查法。问卷调查法是设计者运用统一设计的问卷向被调查者了解情况或征询意见、收集信息的调查方法。Lyons（2004）通过问卷调查获得专家评价的方法，对基于专家的主观评价和经验判断的问卷数据分析得到定性的项目投资风险。杨宁（2017）也通过专家打分对在基础设施PPP项目建设中的潜在风险进行了相应的识别和描述。他通过项目的实际情况，在专家咨询和相关资料的基础上对项目中存在的风险进行识别；然后，通过专家打分法请各位专家根据自身的知识和经验对收集的各类风险因素进行排序和打分，同时赋予相应的权重；最后，将风险因素和权重结合计算待投资项目每种风险的量化实际值，最终得到项目的风险程度，并基于所研究的PPP项目风险对其应当如何在公共部门和私人部门之间进行合理的分担进行了论述。

④头脑风暴法。头脑风暴法是由美国创造学家亚历克斯·奥斯本提

出的一种激发思维的方法，归属于横向思维的范畴，主要目的是通过找到创新和异想天开的方案来解决问题。Yuan（2009）识别PPP项目风险则是通过风险评判小组的头脑风暴形式确定的，并提出在风险评判小组中必须要同时包括社会资本方和政府方两方的人员，因为只有两方同时参与才能够共同发挥双方的经验优势，充分识别项目的风险因素，制定相应的风险防控策略和应对方案，才能将风险因素降到最低。

⑤组合法。组合法是将两种及两种以上的方法进行组合，进行PPP项目投资的综合方法。李妍（2015）基于Delphi法收集问卷调查数据，并使用改进的模糊层次分析法构建了PPP项目的风险投资模型，为PPP项目投资决策更全面地识别风险因素提供良好的理论依据。尽管模糊综合评价法可以评价每个项目各个指标的具体表现，但是对于每个指标的权重仍然需要专家的判断。曹翔宇（2017）通过将PPP项目投资风险归类为国家级层面、市场级层面、项目级层面3类层面，构建了包括政治风险在内的总共33个二级风险因素指标，通过Delphi法进行问卷调查，并运用层次分析法（AHP）获得因素主观权重，并运用模糊综合分析法对待投资项目的风险因素进行评价。

1.2.3 文献述评

上述文献显示，专家学者们对PPP项目投资决策要考虑的因素和投资决策方法都进行了大量的研究，为我们后续的研究提供了坚实的基础。但仔细研究这些文献，作者认为还有些地方需要完善。

第一，在PPP项目投资决策需要考虑的因素方面，学者们从多角度进行了考虑，但大都分散在不同的文献中，系统性有待提高；另外对于PPP项目特征和企业自身能力方面考虑得较少，而这两个方面对PPP项目的影响不可忽略。

第二，在PPP项目投资决策方法方面，定量决策方法能够揭示相关影响因素的可能性，并量化这种影响。但定量决策方法大多基于决策的参与者是完全理性人的假设，然而在实际的投资决策中，决策者受个人能力的影响无法对所有的风险要素及信息进行分析并予以量化，更多的是基于个人的风险态度和偏好做出的决策。而定性决策方法更侧重于依赖专家的经验，其优点就在于基于专家丰富经验和认知的判断模型有的时候可能比定量模型更加准确，因为定量模型有的时候可能偏离实际情况。但缺点在于主观性较强，难以保证决策过程的客观性和公正性。

通过对不同的决策模型和方法进行深入的对比研究后，得出了每一种方法都有其独特的适用性，因此不应局限于某一种决策方法。

1.3 研究内容

PPP模式因投资规模大、持续周期长，相较于传统建设模式更具有风险性和不确定性。如何在合理识别PPP项目风险的基础上进行PPP项目的投资决策是保证项目成功的关键。SJ公司作为大型央企的二级公司、PPP项目的社会资本方，2017年成立了专业的PPP项目投资运营公司，负责PPP及其他项目的运营维护工作，并主投了数十个大型PPP项目。为了规范PPP项目投资经营行为、防范投资风险、提高投资收益，SJ公司从2017年开始就着手进行PPP项目管理制度的设计。截至2020年6月30日，已出台15项管理制度。这些管理制度按照管理范围，可以分为6个大类。其中《PPP项目投资管理制度》包括《SJ公司PPP项目投资开发管理办法》、《SJ公司PPP项目尽职调查管理办法》和《SJ公司PPP项目投资投标管理办法》。而PPP项目投资决策模型的构建和实施离不开PPP项目投资管理制度的落实。因此本书在文献阅读和理论分析的基础上，以SJ公司的PPP项目投资管理制度为指导，通过专家访谈、问卷调查，构建基于群决策理论的PPP项目投资决策模型，并通过案例对该模型的科学性和可操作性进行检验。本书共包括七个部分：

第1章为绪论。本章所介绍的是全书的研究背景、研究目的以及研究意义，对PPP项目投资决策中需要考虑的因素和投资决策方法进行文献回顾，对本书的主要内容进行介绍，并分析了所使用的研究方法。

第2章为PPP项目投资决策的理论基础与群决策理论的应用。本章首先以SJ公司为例，分析了PPP项目的运作流程和PPP项目的投资决策流程，然后分析了新公共管理理论和群决策理论对PPP项目投资决策的指导作用，最后分析了基于群决策理论的PPP项目投资决策方法选择及实施步骤。

第3章为SJ公司PPP项目及PPP项目投资管理办法简介。在对SJ公司和SJ公司PPP项目介绍的基础上，分析了SJ公司PPP项目投资决策管理办法的制定过程，并对《SJ公司PPP项目投资开发管理办法》、《SJ公司PPP项目尽职调查管理办法》和《SJ公司PPP项目投资投标管理办法》的框架进行了介绍。

第4章为基于群决策理论的SJ公司PPP项目投资决策指标体系建立。在分析指标体系的构建原则及设计思路的基础上，通过文献阅读初选指标，基于专家访谈法进行指标的第一次筛选，并通过问卷调查法和MA-OWA算子法进行指标的第二次筛选，最后对所选指标体系的数据来源和评价依据进行了分析。

第5章为基于群决策理论的SJ公司PPP项目投资决策指标权重确定及模型的建立。第4章建立了基于群决策理论的PPP项目投资决策指标体系共6个一级指标33个二级指标，指标数较多，对所有的指标采取AHP方法取权重不但意味着繁重的工作，同时还可能对指标权重的准确性带来影响，因此只要求富有经验的专家对6个一级指标利用判断矩阵进行打分，运用群组AHP聚类分析法判断矩阵确定一级指标的权重，对二级指标仍然采用MA-OWA算子法的成果得到各个指标的主观权重，将两种权重归一化得到综合主观权重。然后运用基于熵权法的群决策模糊综合评价方法首先确定各指标的客观权重，然后确定综合评价方法。

第6章为基于群决策理论的SJ公司PPP项目投资决策模型的应用。第4章和第5章已基本建立起PPP项目投资选择两阶段模型，构建了模型的指标体系，并获取了通用指标体系的主观权重。本章结合SJ公司5个具体的PPP项目对模型的合理性和可操作性进行检验。

第7章为结论及展望。本章对全书进行总结，并提出本书的不足之处。同时，对PPP项目投资决策模型未来的研究做出展望。

1.4 研究方法

本书拟从社会资本方参与PPP项目投资决策的基本理论出发，依照近年来国内外文献和相关研究方法展开分析。

（1）文献分析法：使用校园图书馆、互联网等资源，通过中英文文献检索，获取群决策理论、不确定理论、STEEP理论以及风险防控理论等，社会资本方参与PPP项目投资决策的影响因素及PPP项目的风险因素的相关文献。

（2）案例实证研究法：本书从相关理论出发，研究当前背景下PPP项目投资决策的特征以及PPP模式的具体环境和特质。在现有研究成果之上，结合实际项目案例，构建相应PPP项目投资决策指标体系，并通过有序加权平均（MA-OWA）算子法和基于群决策的群组AHP法确定权重结合具体案例进行使用。

（3）问卷调查法：本书通过三个阶段的开放式问卷，首先得到专家对底层指标的重要性（通过李克特5级量表根据重要性进行打分）。其次则是发放一级指标的判断矩阵收集该级指标的权重。最后验证构建的模型，结合具体案例利用群决策模糊评价法根据所设计的指标体系为案例进行评分。

数据分析主要采用描述性统计、卡方检验、方差分析等统计方法，基于Excel专业表格处理软件和SPSS 24统计分析软件得到。

第2章 PPP项目投资决策的理论基础与群决策理论的应用

2.1
PPP项目的投资决策流程
2.2
PPP项目投资决策的理论基础
2.3
基于群决策理论的PPP项目投资决策方法选择及实施步骤

2.1 PPP项目的投资决策流程

2.1.1 PPP项目概述

（1）PPP模式的定义和特征

关于PPP模式的定义，学界尚未形成一个统一的表述，对英文Public-Private Partnerships也有多种译法，如政府与社会资本关系、公私伙伴关系、公私合作伙伴模式、公共/私人合作关系、公私机构的伙伴合作、官方/民间的合作、民间开放公共服务、公共民营合作制等。加拿大PPP国家委员会指出PPP是公共部门和私人部门之间的一种合作关系，主要强调公私部门之间的风险分担和利益共享。美国PPP国家委员会认为PPP是介于外包和私有化之间并结合了两者特点的一种公共产品提供方式，并从项目生命周期角度强调了私人部门的参与，尤其是强调了私人部门的投融资。我国学者王守清（2008）认为，PPP是企业获得政府的特许经营权，提供传统上由政府负责的基础设施、公用事业的建设与服务的方式。贾康（2014）认为，PPP是公共部门与私人部门在基础设施建设中通过正式协议建立起来的一种长期合作伙伴关系。

无论是何种表达的定义，PPP模式都存在着本质特征。PPP模式的特征表现在以下三个方面：

①伙伴关系。确认了PPP是公共部门与社会资本方之间的伙伴关系，是PPP模式区别于其他项目运作模式的关键点。政府购买商品和服务、给予授权、征收税费和收取罚款，这些事务的处理并不必然表明合作伙伴关系的真实存在和延续。比如，即使一个政府部门每天都从同一个餐饮企业订购三明治当午餐，也不能构成伙伴关系。PPP中社会资本方与政府公共部门的伙伴关系与其他关系相比，独特之处就是项目目标一致。公共部门之所以和社会资本方合作并形成伙伴关系，核心问题是存在一个共同的目标：在某个具体项目上，以最少的资源，实现最多最好的产品或服务的供给。社会资本方以此目标实现自身利益的追求，而公共部门则以此目标实现公共福利和利益的追求。形成伙伴关系，首先要落实到项目目标一致之上。但这显然不够，为了能够保持这种伙伴关系的长久与发展，还需要伙伴之间相互为对方考虑问题，具备利益共享和风险共担。

②利益共享。在合作过程中，社会资本方需要与公共部门共赢，但这种共赢不是简单的分享利润，还需要控制社会资本方在项目执行过程中形成的超额利润。因为任何PPP项目都是不以利润最大化为目的的带有公益性的项目，如果双方想从中分享利润，必然会带来社会公众的不满，甚至还可能引起社会混乱。在此，共享利益除了指共享PPP的社会成果，还包括使作为参与者的社会资本方取得相对平和、长期稳定的投资回报。利益共享显然是伙伴关系的基础之一，如果没有利益共享，也不会有可持续的PPP类型的伙伴关系。

③风险共担。伙伴关系作为与市场经济规则兼容的PPP机制，利益与风险也有对应性，风险分担是利益共享之外伙伴关系的另一个基础。如果没有风险分担，也不可能形成健康且可持续的伙伴关系。在PPP项目中，公共部门与社会资本方合理分担风险，是其区别于公共部门与私

营部门其他交易形式的显著标志。例如在隧道、桥梁等项目的运营中，如果因一般时间内车流量不够而导致社会资本方达不到基本的预期收益，公共部门可以对其提供现金流量补贴，这种做法可以在“分担”框架下，有效控制社会资本方因车流量不足而引起的经营风险。与此同时，社会资本方会按其相对优势承担较多的，甚至全部的具体管理职责。由此，风险得以规避。如果每种风险都能由最善于应对该风险的合作方承担，毫无疑问，整个基础设施建设项目的成本就能最小化。

（2）PPP模式政策发展阶段

作为中共十八大确定的落实“允许社会资本通过特许经营等方式参与城市基础设施投资和运营”改革举措的第一责任主体，财政部从2013年年底即已展开对PPP模式推广工作的全面部署。2014年5月，财政部政府和社会资本合作（PPP）工作领导小组正式设立。相比于财政部的令箭频发，国家发改委也在当年5月份一口气推出了80个鼓励社会资本参与建设营运的示范项目，范围涉及传统基础设施、信息基础设施、清洁能源、油气、煤化工、石化产业，且项目模式不局限于特许经营。最为引人注目的是，《基础设施和公用事业特许经营管理办法》已由中华人民共和国国家发展和改革委员会等6部门于2015年4月25日发布，并自2015年6月1日起施行。至此，PPP模式的制度化建设取得了阶段性成果。2014年也因此被不少业内人士视为PPP模式在中国的发展元年。我们将2014年及其以后的若干年称作中国式PPP的规范化发展阶段，与其说是基于现状的一个预测与展望，不如说是对PPP模式的最新倡导者做好顶层设计，补上重要一课的期待。

国家发改委、证监会联合发布《关于推进传统基础设施领域政府和社会资本合作（PPP）项目资产证券化相关工作的通知》，要求各省级发展改革委于2017年2月17日前，推荐1—3个首批拟进行证券化融资的传统基础设施领域PPP项目，报送国家发展改革委。国家发展改革委将从中选取符合条件的PPP项目，加强支持辅导，力争尽快发行PPP项目证券化产品，并及时总结经验、交流推广。

2017—2018年国家PPP进入规范整顿阶段，从地方政府融资担保清理整改、融资平台公司融资管理、规范PPP行为、地方政府举债融资机制和跨部门联合监测与防控机制等方面规范地方政府融资行为，进一步规范PPP项目运作，坚决遏制隐性债务风险增量，严格新项目入库标准，集中清理已入库项目，要求各省级财政部门应于2018年3月31日前完成本地区项目管理库集中清理工作，PPP迎来最严“规范令”。

经过规范整顿期，2019年PPP政策开始回暖，鼓励民营资本和外资参与，聚焦重点领域，加大融资支持，加强分类指导等，规范的PPP项目迎来发展契机。2019年6月中共中央办公厅、国务院办公厅发布的《关于做好地方政府专项债券发行及项目配套融资工作的通知》，重点支持铁路、国家高速公路、地方高速公路、供电、供气项目等符合条件的重大项目。此政策文件的政策意义大于实际意义，意味着项目注册资本金穿透背景下“挤出”杠杆性资金的政策开始“松动”，专项债作为债务性资金可以用作项目注册金。

PPP政策发展阶段如图2-1所示。

2.1.2 PPP项目的运作流程

在国内PPP模式实践中，从政府的视角来看，政府首先需要进行PPP项目识别，挑选可应用PPP模式的基础设施项目，确保项目处于财政承受能力内，能够实现物有所值。然后，当进入项目准备阶段后，政府需要组建管理构架并编制PPP项目实施方案，明确项目具体的运作内容和流程。再后，政府发布PPP项目招标要求，通过评标选出合适的社会资本方，并与其签订PPP合同，明确双方在PPP项目中的权责。当PPP项目开始执行时，政府落实自身的项目资本金出资责任，负责PPP项目监督考核，并向项目公司付费。最后，当PPP项目达到预定的合作期后，政府将收回PPP项目的经营权。政府视角下PPP项目的运作流程见表2-1。

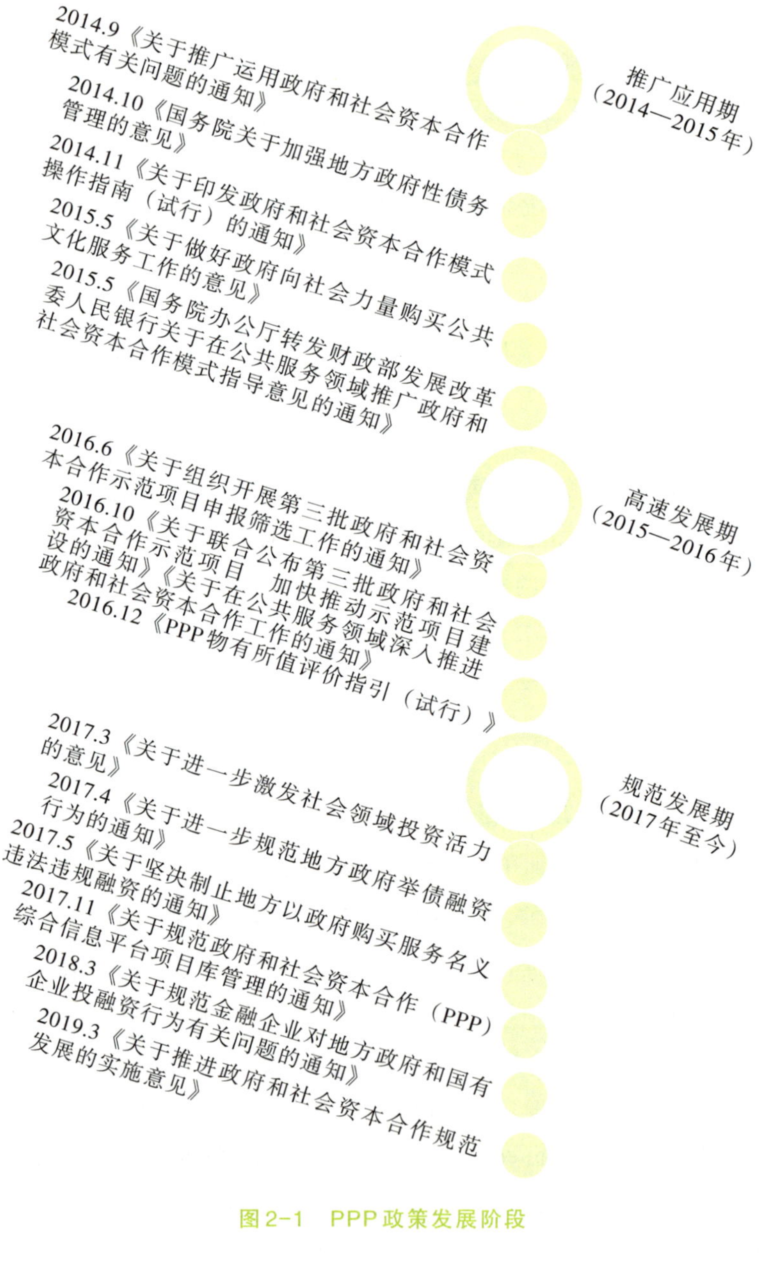

图2-1 PPP政策发展阶段

表2-1　　政府视角下PPP项目的运作流程

项目识别	项目发起	政府收集潜在的PPP项目，构建信息库
	项目筛选	政府从信息库中筛选出计划实施的PPP项目
	物有所值评价	对计划采用PPP模式的基础设施项目进行价值评价
	财政承受能力评价	对计划采用PPP模式的基础设施项目进行财政承受能力评价
项目准备	明确管理架构	确定PPP项目实施机构
	实施方案编制	实施机构聘请专业的咨询公司编写实施方案
	实施方案审核	有关部门审议和批准实施方案
项目采购	信息发布	发布PPP项目实施方案和资格预审公告
	采购文件编制	编制和发布PPP项目招标文件
	相应文件评审	对投标文件进行评审，选择最合适的社会资本方
	合同签署	政府与中标方的社会资本方签署PPP合同，明确双方的权利和义务
项目执行	项目公司设立	各参与主体共同签署PPP项目的股东协议，按照合同约定的项目资本金比例出资，建立公司章程，成立PPP项目公司
	项目融资管理	各参与主体按照已签订的协议，落实自身的项目资本金出资责任，并协助项目公司获取项目所需的债务性资金
	项目建设和运营	项目公司与建筑商、运营商签署合同，开展项目建设和运营工作
	绩效监测与支付	政府监测PPP项目的产出指标，按照PPP合同支付相应费用
项目移交	移交准备	成立移交工作组，明确移交内容、移交形式和移交标准
	性能测试	依据预设的标准，对PPP项目资产开展相应的测试工作
	资产交割	社会资本方按照移交要求，与政府开展资产交割工作

基于社会资本方视角，根据《SJ公司PPP项目投资开发管理办法》，PPP项目运作流程包括投资职责与权限、投资预算、投资开发、建设管理、运营维护、投资退出与移交、过程监管、投资风险管理、投资评价与问责、档案管理与保密工作等全过程。

（1）投资职责与权限

SJ公司投资发展部是SJ公司PPP投资业务的主管部门，负责对PPP项目开发、建设管理及对运营业务的指导和监管；负责与上级主管部门的对接，并统筹协调各方关系；负责牵头组织PPP项目的评审、投资开发交底、过程经济评价及后评价。

施工类子分公司、区域指挥部、办事处配合投资开发公司开展PPP项目营销，主要侧重前期市场信息的收集、初选及营销内外业务的运作。

投资开发公司是SJ公司实施PPP项目的投资开发主体。负责区域市场的PPP项目投资开发；牵头主责PPP协议的谈判与签订；负责组建项目公司，并在股权融资方案落地且各方股东第一次出资款全部到位后移交投资运营公司管理（SJ公司直管的项目公司除外）。

投资运营公司是SJ公司实施项目公司股权、资产和运营管理的专业化、集约化平台，代表SJ公司对项目公司股权和资产实施管理（SJ公司直管的项目公司除外）。负责PPP项目的建设管理、投资控制、运营管理、股权退出和项目移交；负责其他投资开发公司主责区域外或重点领域市场的PPP项目投资开发。投资运营公司在投资开发公司牵头组织PPP协议谈判时开始介入项目运作，并协助投资开发公司组建项目公司。

SJ公司成立直管项目公司，代表SJ公司全面负责大型项目、技术复杂或具有重大影响的重点项目的投融资、建设和运营维护等管理工作。

SJ公司成立“PPP项目评审委员会”（以下简称“评审委员会”）。评审委员会由SJ公司根据投资评审工作的需要，确定组成部门和单位，明确各部门和单位在评审工作中的主要职责和分工。

SJ公司各职能部门根据职能分工对PPP项目投资管理履行相应职责。

（2）投资预算

SJ公司对PPP项目投资资金实行预算管理，坚持无预算、不投资。投资预算应以满足上级公司有息负债、“两金”控制、总资产周转率、资产负债率等管控目标为基本原则。

投资预算分为预算编制、预算调整和预算执行三个阶段。①预算编制。SJ公司按照全面预算管理办法规定的口径、方法、流程、程序等编制年度投资预算，纳入SJ公司年度预算并经SJ公司总经理办公会、董事会审议后报上级公司批准。②预算调整。年度投资预算可以调整，按照前款要求编制，履行SJ公司、上级公司两级决策程序。③预算执行。年度预算经SJ公司决策批准后，未取得上级公司批复意见前，可以执行；若上级公司批复意见与上报年度预算不一致，按上级公司批复意见执行；调整预算未获上级公司批准前不得实施。

（3）投资开发

SJ公司的PPP项目投资开发包括筛选与立项、前期运作、可行性研究、评审与决策、投标管理、投资开发期合同管理等方面，本书将在2.1.3中进行论述。

（4）建设管理

SJ公司相关职能部门按照职责分工指导、监督投资运营公司和项目公司履行项目建设管理职能，包括投资控制、设计管理、监理管理、计划管理、验工计价、资金拨付、施工全过程监管、承包方的考核评价、履约及市场维护等。在建设管理阶段要做好建设期的合同管理，实行内部开工报告审批制度，严格按照合同进行建设，项目竣工后及时组织检查和验收。投资项目实行工程质量终身负责制，项目在运营期间发现的工程质量缺陷问题，原则上由原施工单位负责整治。

（5）运维管理

投资运营公司应根据PPP投资协议的相关要求，组织项目公司制订项目运营管理方案（SJ公司直管的由项目公司制订），经投资人论证确认、报政府或业主批准后予以实施。

在运维管理环节应注意的问题有：第一，PPP项目运营应以交工验收或交付使用之日开始计算，不得以投资人难以掌控的竣工验收日期起算。第二，PPP项目运营可采取内外部发包等多种方式，项目公司应与运营承包单位签订运营维护合同，并按照政府运营绩效考核的要求，制定考核细则，监管承包单位的运营维护质量和服务水平。第三，PPP项目运营过程中，一旦触发收费调价机制，投资运营公司和项目公司应按合同的约定，启动收费调价程序，确保投资人的合法权益。第四，PPP项目运营维护阶段的各项业务内容、流程和要求等具体按照SJ公司下发的投资项目建设、运营及移交管理办法执行。

（6）投资退出与移交

项目运营期结束正常退出时，由SJ公司投资发展部组织SJ公司相关部门、投资运营公司和项目公司按照合同的约定向政府方移交项目。合作期内触发非正常投资退出机制的，合同中有明确约定的，按合同约定处置权益并取得补偿后退出；合同中没有明确约定的，投资人应与政府或业主签订补充协议，约定投资退出的具体方式、程序和补偿方案等事项。采用公司清算方式退出的，投资运营公司应根据《公司法》有关规定，注销项目公司（SJ公司直管的项目公司由SJ公司投资发展部组织注销）；采用股权转让等其他方式退出的，应按照国家有关法律法规、国资委和股份公司的有关规定执行。

（7）过程监管

对已实施的PPP项目，SJ公司职能部门履行实施全过程监管职能，投资开发公司、投资运营公司应在实施过程中负责对业主单位公共关系的维护。PPP项目实行月报、季报制度，投资开发公司、投资运营公司须按要求及时做好投资报表的统计与提报工作，确保投资报表的完整性、真实性和准确性。PPP项目实行每半年调研制度。由SJ公司投资发展部牵头，SJ公司财务部、金融管理部、审计部、法律合规部、工管中心、成本管理部等组成联合工作小组进行调研，各部门根据调研情况编制调研报告，由SJ公司投资发展部统一汇总定稿，报SJ公司分管领导及有关部门。在PPP项目投资管理过程中，当存在不可控因素时，相关主责单位或部门须以书面形式上报SJ公司，由SJ公司投资发展部牵头重新履行SJ公司内决策或"中止、终止和退出"决策程序。

（8）投资风险管理

SJ公司战略规划部牵头建立、健全PPP项目全过程风险管理体系，并将投资风险管理作为SJ公司内控体系的重要组成部分，全面加强风险管理，加强廉洁风险防控，并规定SJ公司投资发展部、投资开发公司和投资运营公司应做好PPP项目的全过程风险识别、分析，并按照风险可控原则，明确风险管理策略，合理制定投资周期内各个阶段风险管理措施。

SJ公司投资发展部应研究制订股权多元化方案，积极引入社会各类投资机构参与，以分散投资风险。针对有重大投资风险的项目，SJ公司投资发展部、法律合规部应在资格预审或投标前指导投资开发公司聘请外部专业咨询机构进行项目评审和尽职调查，从专业的角度进行风险评估，在风险可控的前提下方可跟进项目。PPP项目应充分利用商业保险，减少风险发生时可能带来的损失，按照经济原则和风险承受能力，将保险嵌入风险管理机制，利用保险化解风险。

（9）投资评价

投资评价主要有过程经济评价和项目后评价，PPP项目建设投资过半和每运营满5年时应分别进行过程经济评价，在建成投入运营和特许经营期满移交时应分别进行后评价。当过程经济评价与每半年的投资调研重合时，应直接进行过程经济评价；当过程经济评价与后评价的时点重合时，应直接开展后评价，不再进行过程经济评价。

PPP项目过程经济评价和后评价，应将项目实际经济效益与股份公司批复的“可行性研究报告”及做出的决议事项进行对比分析，编制“过程经济评价报告”和“后评价报告”，客观公正地反映PPP项目在各个阶段及整个投资周期内的综合效益。对于评价中发现主观原因造成的重大问题，应提出问责建议。

SJ公司审计部应结合项目运行实际情况，适时开展专项审计或综合审计。审计的重点是项目可行性研究及投资决策、融资方案及实施、项目公司设立及运行情况、工期质量控制、投资规模控制、运营维护管理、财务管理、投资风险控制、投资目标实现程度、审计发现问题整改等。

PPP项目的“过程经济评价报告”、“后评价报告”和“审计报告”是SJ公司对各单位绩效考核和投资问责的重要依据。

（10）投资问责

未履行或未正确履行PPP项目投资决策程序及管理职责从而造成资产损失或其他严重不良后果的，或发生SJ公司及其上级单位内部管理办法规定的问责情形时，SJ公司将依据《中华人民共和国企业国有资产法》、国务院办公厅《关于建立国有企业违规经营投资责任追究制度的意见》（国发办〔2016〕63号）和其上级公司、SJ公司有关责任追究管理办法等进行认定、问责。

对于不按决策程序处理或人为绕过决策程序的，或瞒报、谎报、不及时提报决策事项的单位或个人，但未造成实质性损失的，视情节轻重给予相应处罚。

（11）档案管理与保密工作

档案管理方面，PPP项目投资业务的各相关单位须做好项目的信息档案管理工作，收集和保管项目各种会议纪要、决定、项目资料、重大决策文件等，建立健全PPP项目各阶段的项目资料清单台账。项目合作期满后，项目公司档案统一移交投资运营公司管理，PPP协议有约定或政府有要求的，从其约定或要求。

在保密工作方面，要求各相关单位须做好保密工作，严禁擅自对外提供有关PPP项目的数据和信息资料，确有必要的，须经SJ公司分管领导批准。

2.1.3 PPP项目投资决策流程

PPP项目投资决策是指PPP项目投资主体在调查、分析、论证的基础上，对PPP项目投资所做出的最后决断。对于具体的PPP项目决策而言，社会资本方在进行PPP项目投资决策时都要经历严格的决策程序和相关调查。我们以SJ公司为例，分析该公司的PPP项目投资原则和投资决策流程。

（1）PPP项目投资原则

PPP项目投资原则是公司进行PPP项目投资时应遵循的准则。SJ公司为规范PPP项目投资行为，防范PPP项目投资风险，在进行PPP项目投资决策时，制定以下原则：

第一，战略引领。拟投资的PPP项目应符合SJ公司发展战略规划的要求。

第二，主业投资。原则上PPP项目的投资范围应符合SJ公司“主业范围目录”。

第三，依法合规。拟投资的PPP项目应符合国家产业政策，依法合规，诚信经营；各项决策程序和内容符合SJ公司的相关要求。

第四，预算约束。对拟投资的PPP项目应科学合理地编制（调整）年度投资预算，无预算不投资，强化预算的刚性约束。

第五，能力匹配。拟投资的PPP项目应符合SJ公司债务风险管控的基本要求，并与SJ公司财务资源供给、管理和风险承受能力相匹配。

第六，风险可控。SJ公司对PPP项目投资实行负面清单管理，SJ公司投资发展部应根据内外部环境变化情况和其系统内投资项目负面清单的要求，每年度调整并公布PPP项目负面清单。

第七，收益均衡。不应单纯追求施工效益（利润），应寻求投资、建设、运营等各阶段收益的均衡，提升PPP项目综合收益水平。

（2）SJ公司PPP项目投资决策流程

SJ公司PPP项目投资决策流程包括筛选与立项、前期运作、可行性研究、评审与决策、投标管理、投资开发期合同管理等方面，如图2-2所示。

①筛选与立项。PPP项目实行准入制度，投资开发公司应加强PPP项目信息制度建设，做好PPP项目信息的收集，建立PPP项目信息库，并区分项目的特点做好项目调研工作，根据实地调研情况进行评审筛选重点跟踪项目，向SJ公司申报立项。所申报项目应符合SJ公司《关于规范和加强投资项目准入管理的通知》的规定。

②前期运作。拟开发的PPP项目，前期阶段未经有效运作的，不予立项。投资开发公司应提前介入，积极参与运作，所运作内容应包括合作伙伴、投资范围、投资合作周期、工程造价水平、投资回报机制、风险分担、履约保障、融资方案、建设方案、运营方案、审计、绩效考核、投资退出机制等主要交易边界条件。

③可行性研究。可行性研究报告是SJ公司评审和决策的直接依据。PPP项目经前期运作后，投资主要交易边界条件基本明确的，应及时开展可行性研究工作，编制项目可行性研究报告。提报单位应负责可行性研究报告的真实性、准确性，并明确项目实施各阶段的责任人。

④评审与决策。SJ公司建立了PPP项目评审机制。具备条件的PPP项目，由SJ公司投资发展部组织SJ公司评审委员会评审，SJ公司评审委员会应对项目存在的问题，或者需要进一步补充完善的内容提出意见，对SJ公司是否参与该项目投资进行表决。

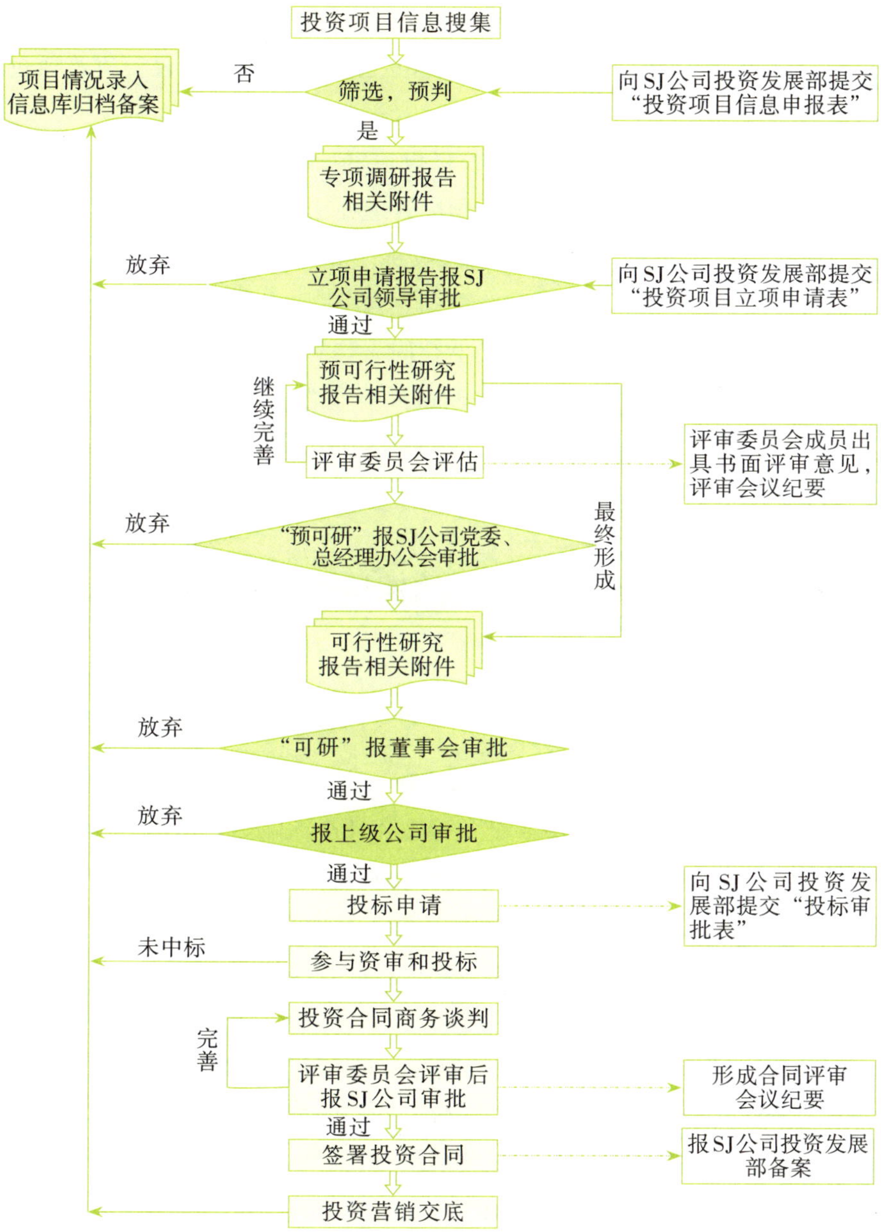

图2-2　SJ公司PPP项目投资决策具体流程

拟开发的PPP项目经SJ公司评审委员会评议通过后，由SJ公司投资发展部提交SJ公司党委会、总经理办公会、董事会审议，决策通过后，履行股份公司决策流程。

⑤投标管理。PPP项目实行投标申请审批制度。PPP项目投标管理执行SJ公司《基础设施投资项目投标管理办法》，投资开发公司在参与PPP项目投标前须向SJ公司填报“投标申请审批表”，履行投标审批手续。

⑥投资开发期合同管理。PPP合同未经评审不得签订。投资开发公司应根据SJ公司合同评审意见与政府及合作方进行多轮谈判，直至达成一致意见。合同签订后应及时向SJ公司有关部门或单位进行交底。

2.2 PPP项目投资决策的理论基础

2.2.1 新公共管理理论

20世纪60年代以来，变革成为国际社会普遍而迫切的要求，民权运动涌起，经济通胀显现，安全、污染和社会保障等矛盾层出不穷，这与公共行政的期望形成鲜明对比。从20世纪80年代开始，发达国家为改进政府治理方式，形成了新公共管理理论。在20世纪80年代，英国撒切尔内阁发起了一场减少预算赤字、提高政府效率的运动。该运动分为四个阶段：(1) 引入私人部门管理技术的阶段。撒切尔内阁提出著名的3E标准，作为行政管理和公共服务的最终衡量标准。(2) 公共服务私有化阶段。这一阶段大大减少了政府活动的范围。(3) 公共服务代理化的阶段。决策部门不再负责政策的执行，只负责政策的制定。(4) 公共和私人部门成为伙伴关系的阶段。新公共管理理论始于英国，然后在美国蓬勃发展，美国的里根政府主张市场至上、个人自由和政府最小化，认为应像管理大型公司一样组织管理政府，公共和私人部门在评价时都应该遵循同样的经济参数和管理原则。

新公共管理理论倡导政府将公共权力下放，将购买公共服务与提供公共服务的责任进行分离，在公共基础设施领域引入社会资本，利用社会资本供给公共基础设施，并且将公共服务外包给私人部门。换言之，新公共管理理论认为在那些私人部门能提供更加有效率的服务的领域，政府应该主动放权，特别是在公用事业领域通过引入社会资本为国民提供更便利的设施、更好的服务和更低的使用成本，最终减少经济资源的浪费，从而实现双赢或多赢的目标。在新公共管理理论的影响下，这种模式符合当时政府职能转变的要求。受英国的影响，西方许多工业化国家也开始了进程，又波及许多发展中国家和转型国家，它已成为近年来行政改革的主要指导思想之一。

Patrick（2005）认为PPP模式具备高效的社会融资能力，能够快速推进公共基础设施的供给，有利于降低政府的财政支出压力，相较于传统的政府投资方式具有比较优势。在此背景下，Jane 和 Richard（2002）发现，20世纪90年代英国在公共基础设施建设领域正式引入PFI（私人融资计划），鼓励私人部门积极参与公共基础设施项目的投资，此后PPP模式在全球得以快速推广。新公共管理理论对于PPP项目投资具有指导意义，特别是在市政基础设施的建设和运营过程中，应用PPP模式能够带来更多的公共产品，具有很强的公共性，与大众的利益息息相关。它在一定程度上会引起社会的广泛关注，需要群众的监督和社会的管理。PPP模式广泛应用新公共管理理论，在能做到保留政府对与国计民生有关的公共部门控制权的同时，还可以使公共服务的供给效率提高。适当下放政府的公共权力使公共部门引入社会资源为国民提供更便利的设施、更好的服务和更低的使用成本，也能进一步促进市政项目获得良好的投资回报。由此可见，新公共管理理论为PPP项目投资的发展奠定了基础。

2.2.2 群决策理论

（1）群决策理论的兴起及应用

群决策（group decision making）的概念源于20世纪70年代，最早起源于社会选举。在群体中，由于每一位决策参与者的社会地位、权力、知识、期望以及偏好的不同，其所做出的决策可能存在意见或利益的不一致甚至是冲突，这就要求对每个决策者的意见或利益进行协调研究，群决策的主要研究内容便是对决策者偏好信息的描述、协调以及集结过程。如何集结每个决策者的意见并形成一致的群体决策，从而对各个备选方案进行综合评价以及排序，使得决策结果能够在最大程度上反映每个决策者的个人偏好，综合群体的智慧并制定符合大众利益的正确决策，便是群决策理论及方法的主要研究目标。

群决策的研究由于存在多学科交叉而使得该理论的内容体系较为复杂。对于群决策的定义，由于各个学者的研究角度不同并没有统一的标准，Hwang（1987）等认为，群决策是将不同决策者针对方案集合中各方案的偏好，按照某种规则集结为决策群体偏好序，并且该群体偏好序是一致或妥协的。Luce（1958）等认为，群决策问题是通过定义一种公平的方法来集结决策者们的个体选择从而达成一致的一项社会决策。从组织内部来讲，群决策与群体的个体特征、群体的发展水平等涉及群体成员的心理、行为等因素相关；从组织外部来讲，它又与所面临的政治、经济、制度体制等非心理特征因素相关（朱佳俊，2009）。

群决策理论是目前管理科学以及组织行为学研究的重点。尽管计算机技术和网络通信技术的发展使得群决策的绩效得到了很大程度的改善，削减了个体之间的信息交流障碍，但群决策理论的研究仍然存在着一些亟待解决的问题，例如未能形成成熟的框架体系，理论与方法的研究还十分松散，在实践中的应用研究并不十分充分和深入。此外，群决策过程的研究也有待加强，目前对于群决策理论的研究主要是静态的偏好集结模型，但实际应用中群决策是一个存在信息反复交流和讨论并最终达成一致意见的动态过程。

国内外学者对于群决策理论在投资决策中的研究有很多集中在公共项目投资决策领域，并且已经逐步发展成熟。Simon（1978）提出可以在公共项目投资的决策程序中利用群决策理论，这一决策理论为企业实际的决策问题打开了新思路，拓展了新道路，是一种极具创新性的决策程序理论。他同时在一系列如《管理性组织决策过程研究》和《管理决策的新科学》等学术专著中阐述了对决策过程理论进行的大量的研究。Amartya Sen（1998）将个体选择概念引入公共选择理论，并发现个体决策和群体决策的矛盾性，同时他也试图寻找能够平衡该矛盾的方法。学者们将公共项目投资决策视为决策问题，研究的重点在于如何集结整合各个决策主体偏好并得到决策整体偏好，之后依据决策问题的属性，按照群体偏好对备选方案进行排序和择优。决策的参与者可能具有不同的社会及知识背景，对待同一个问题的看法也可能存在差异，因此也就存在不同的效用偏好，根据得到的效用偏好可知个体对待评价方案的个人偏好，对于偏好的排序便可以得到决策结果。因此，将个体偏好整合为群体偏好并得到偏好效用函数就是群决策理论研究的重点所在。

国内把群决策理论应用在项目的投资决策上并进行研究的非常少，更多的是把该理论及方法应用在项目的后续绩效评价中，如群决策理论能够很好地适应公共项目绩效评价的多目标性和系统的复杂性。而PPP项目的复杂和多风险的特性以及决策流程的特点也为群决策理论在PPP项目投资决策中加以应用提供了平台。一方面，由于PPP项目的复杂性及长期性，该模式存在的风险因素具有跨学科的性质，集结多个学科的专家共同参与能够将决策问题解决或者提供良好的参考意见。另一方面，决策者的背景、态度、知识以及价值观都具有一定的主观特征，单一决策者的决策或者未经过合理方式集结的专家观点均可能难以为PPP项目的决策问题提供良好的意见基础。目前对于将群决策理论应用在

PPP项目投资决策中的文献还甚为稀少，但通过参照国内外学者利用群决策理论对公共项目投资决策的研究，我们可以得到参考并做出拓展和延伸。

（2）群决策理论的理论基础

①行为决策理论。

行为决策理论是由Edwards悖论与Allais悖论演化而成的，行为决策理论可以针对理性决策理论无法解决的问题加以分析，通过认知心理学能够得知周围环境比较容易影响决策者进行一系列的信息处理，行为决策理论能够发现理性决策理论所无法发现的行为变量，因此属于非理性行为决策的一种。

②群体效用理论。

由Von Neumann等所编写的《对策论和经济行为》一书中提到了决策的效用理论，该书将决策者的偏好结构使用个体效用函数进行联合表达。群体效用理论主要依据群体效用函数对群体的偏好结构进行表达，并做出相应的群决策，该理论包括个体效用集结理论以及群体效用的生成方法。

③模糊决策理论。

从1965年Zadeh发表了标志模糊数学学科诞生的论文《模糊集合》，到20世纪80年代模糊决策理论快速发展，模糊决策理论以其更加贴近于实际的表现赢得了广大学者的关注与好评。对于一些系统规模较大、决策信息复杂化和模糊化的决策问题，模糊决策理论具有较好的适应性。模糊群决策通过将决策者无法精准定义和判断的参数转换成能够处理的适当的模糊集合，这种灵活的数据结构以及选择方式使得模糊群决策相比较之下具有更强的适应性和更优秀的表达能力。

④证据理论。

证据理论起源于Shafer在1976年发表的《证据的数学理论》。证据理论是基于人们所掌握的知识以及实践中的经验，对不确定的事件做出不确定的判断。这种对于不确定性事件的判断更符合人们的思维方式，在管理决策中更为适用。

2.3　基于群决策理论的PPP项目投资决策方法选择及实施步骤

2.3.1　PPP项目投资决策方法的选取原则：基于风险识别的影响因素分析

（1）PPP项目所面临的风险因素

近年来，国内外对于PPP项目的研究文献层出不穷，多维度、深层次地剖析了PPP项目在政治、经济等方面存在的影响因素。Li等（2005）将PPP风险划分为宏观、中观以及微观层面，宏观层面风险受到大环境影响，中观层面风险由项目自身特点引发，微观层面风险则涉及项目的采购过程中的利益牵扯。彭桃花、赖国锦（2004）指出PPP项目的主要风险为政策风险、汇率风险、技术风险、财务风险和营运风险，并提出将风险分配给相对最有利承担的PPP项目参与者方能使得项目价值最大化。Darrin（2002）从投资者的角度分析了影响投资者直接收益和资金成本的因素，并重点分析了银行和其他融资方对项目投资的影响；把PPP模式的项目风险分为政治风险、金融风险、技术风险、建设风险、运营风险、残值风险、完工风险、环境风险与不可抗力风险这九个大类；并为项目建立了风险分析框架，认为可以通过采用不同的方法对各种不同项目参与者的风险进行识别与评价。邓小鹏等（2008）指出风险识别的内容是针对影响PPP项目进展的风险因素、风险性质及产生的条件和可能造成的影响进行区分并用来衡量该项目的风险大小；同时提出PPP项目风险管理的五大目标为：①PPP项目的内部与外部环境需进一步优化，PPP项目的参与方能力需要有所提升；②政府部门既要提高自身的行政管理与规制能力，同时也要着眼于提高PPP项目的吸引力；③提高PPP项目本身的生存能力；④加强项目的成本控制；⑤PPP项目的参与方应当在项目的决策能力上有所增强。王守清（2014）指出风险始终贯穿PPP项目的整个过程，PPP项目承担者会面临很多风险，包括法规风险、政府信用风险、市场和收益风险、融资和建造风险以及不可抗力风险，在众多风险中尤其要关注政府信用风险和违约风险，如果项目需要财政补贴，则要特别注意政府的财政支付能力。

风险控制是PPP项目成功的关键因素，在建筑企业参与PPP项目投资或建设时，合理的风险分担能够实现多方协作共赢。在PPP项目研究中，风险管理研究涵盖了风险识别、风险评价方法、风险分担方式等多个层次。大部分学者通过文献分析、案例研究、实证研究等方法识别PPP项目风险。例如，Xu通过实证研究的手段对多个高速公路PPP项目进行研究后得出，政府干预以及政府腐败是影响PPP项目成功的关键风险因素。Ameyaw则是对供水领域的PPP合同进行了分析，得出40个风险因素，并着重分析了风险分担机制的缺失、公众反对等风险。而亓霞等国内学者采用案例研究的方法，对16个PPP项目案例进行了深入研究，最终归纳出13个关键风险因素，并探讨了风险的缘由以及规律等。表2-2为我国PPP项目关键风险汇总。

表2-2　　我国PPP项目关键风险汇总

风险类型	关键风险
政治风险	政府信用风险
	政治不可抗力事件
	政府决策与审批失误
	政府干预
	政治/公众反对

续表

风险类型	关键风险
法律与合同风险	法律及监管体系不完善
	法律变更
	违约风险
	税收调整
	合同风险
金融风险	利率风险
	汇率风险
	通货膨胀风险
建设风险	土地获得风险
	工程变更风险
	融资风险
	地质与文物保护风险
	环保风险
市场风险	市场需求不足风险
	价格变动风险
	建设所需资源市场波动风险

（2）PPP项目失败的原因分析

一方面，由于PPP模式在我国仍处于起步阶段，迅猛的发展并不能够遮掩政策制度不健全，PPP项目受到政治因素的影响而存在不确定性，禁止性规范和准入门槛也成了项目落地的障碍。社会对违约的惩罚尚未形成体系，因此违约成本较低。而PPP项目运营维护周期较长，短则十年，多则二三十年，必将纵跨多届政府，经历不同行事风格以及做派的领导人，新官不理睬旧政的惯性能否转变将影响政府方的履约情况（赫荣平，2008）。另一方面，PPP项目的复杂性也要求社会资本方需要具备更为专业的业务水平和较强的综合实力，社会资本方的自身条件和外部环境因素也影响PPP项目的落地情况。下面通过对《资产管理产品与业务模式创新》一书中16个失败项目的分析（见表2-3）找寻PPP项目失败的原因。伴随着新一年政府各部门对PPP项目监管的增强，以及经历了诸多失败案例后，企业对PPP项目风险逐步形成了更直观的认知。从企业层面来看，从这些失败案例中所汲取的经验教训能够更有效地帮助社会资本方识别风险因素，防控公司投资风险。

表2-3　16个失败项目分析

项目名称	失败情况	风险因素
上海大场水厂项目	政府回购	法律变更/政治反对
上海延安东路隧道项目	政府回购	法律变更
江苏某污水处理厂项目	谈判失误	法律变更
北京第十水厂项目	Anglian撤出	审批延误/政治反对
青岛威立雅污水处理项目	重新谈判	政策决策冗长
廉江中法供水厂项目	谈判拖延	政策决策冗长
长春汇津污水处理厂项目	费用拖延	政府失信
沈阳第九水厂BOT项目	合同变化	政府失信
湖南某电厂项目	没收保函	融资风险
天津双港垃圾焚烧发电厂项目	政府承诺未兑现	市场收益不足
京通高速公路项目	收费不合理	市场收益不足
杭州湾跨海大桥项目	竞争性项目出现	项目唯一性
鑫远闽江四桥项目	申请仲裁	项目唯一性
福建泉州刺桐大桥项目	竞争性项目出现	项目唯一性
汤逊湖污水处理厂项目	提前移交	配套设施
山东中华发电项目	收费降低	市场需求变化

上述案例表明，青岛威立雅污水处理等项目是由于参与投资的社会资本方在前期决策过程中未合理考虑和预测到与相关利益方谈判的难度以及政府的治理情况，没有充分顾及相关利益方的利益诉求，因而导致决策的失败。福建泉州刺桐大桥以及杭州湾跨海大桥项目在初始决策时未充分考虑到同业竞争的影响，当低价同质项目甚至更高质量的同类项目出现时，该项目的唯一性就受到了挑战，从而严重影响到项目的收益。北京京通高速公路也是在初始决策阶段未能够重视相邻辅路免费通行的问题，造成大量的车流量被分流，从而导致该项目运营初期收益不足。不能够准确估计自身的投融资能力和项目吸引融资的能力也将会导致无法实施投融资程序，债权端及股权端不能够及时落地不仅会影响项目建设进程，更有可能会导致项目保函被收回，继而终止项目推进。因此，投融资能力也是社会资本方在PPP项目投资决策中需重点考虑的因素。而脱离技术水平、只考虑融资能力也无法导致项目的成功，因为PPP模式是专业的人从事专业的事。例如，国家体育馆（鸟巢）PPP项目的失败，就是因为作为社会资本方的中信集团只考虑自身在融资能力的优势，而忽视了大型综合性体育场馆的运营维护也需要专业的能力和队伍，参与超出自身专业能力范围的项目，最后不得不撤出该项目。因此，项目的专业性和社会资本方自身的专业能力需要社会资本方在决策时充分考虑。

一方面，PPP项目的制度规范正处于不断的完善中，这就要求社会资本方对前沿政策走向具备较好的预判，在决策时能够很好地发挥前瞻性。反之，则会因为没能把握住政策走向，导致类似上海大场水厂等项目被政府回收的结果。另一方面，政府的信用和财政状况也是社会资本方在项目投资过程中必须考虑的因素，政府承诺补贴难以实现、竞争性项目的不断出现、合同内容的不合理及履约难等问题也都导致大场水厂等项目失败。

从这些经典的失败项目的表现来看，社会资本方决策缺乏有效性是导致其失败的主要原因。究其原因，社会资本方在决策时没有客观评价自身优劣势和充分分析外部环境，从而导致决策有效性不足。如何减少决策失误，做出科学决策成为社会资本方必须正视的问题。

2.3.2 基于熵权法的群决策模糊综合评价

本书所采用的模型不仅考虑了复杂大群体决策的不确定性，更将主观赋权法和客观赋权法思想相结合，采用基于群决策的AHP方法确定指标主观权重，根据熵权法确定指标客观权重，最后将指标主客观权重集结得到指标的综合权重。这样做既能够保证充分发挥专家的经验优势，又能够充分考虑样本实际，避免指标权重过于主观化。通过群决策模糊综合评价法对项目不同指标进行打分，结合指标综合权重求解项目综合得分并进行排名。该模型既克服了传统主观因素赋权的不足，同时充分考虑客观因素，引入了群体决策的思想、能够拓展模糊综合评价法的应用，更具理论和现实意义。

（1）群决策模糊综合评价的原理

在得到指标体系的主观权重后，通常需要对各项目各个指标表现值进行打分。而评价目标可以看成是由多种因素组成的模糊集合，同时设定这些因素所能选取的评价等级。根据多名具备经验的决策者的评语组成模糊集合（即评价集），分别求出各个单一决策因素对各个评价等级的归属度（模糊矩阵），然后根据每个因素在评价目标中所分配的权重，通过计算（也称为模糊矩阵合成），求出评价的定量解值，上述过程即为群决策模糊综合评价。

（2）群决策的基本方法

①多数集有序加权平均（MA-OWA）算子法

多属性群决策是根据给定的一组方案，由决策的参与者对每个方案中所包含的待评价属性进行评价并根据属性权重对方案进行相应的排序，以期进行最优选择。在多属性群决策方法发展中，Yager（1988）提出的有序加权平均（OWA）算子，使得多属性群决策理论方法得到了拓展，该方法近年在决策分析等领域得到了广泛的使用，很多学者都基于具体的问题对该方法基于群决策理论进行了研究和拓展。例如，Mitchill（2004）定义了直觉模糊算子（IFOWA），创新性地将OWA算子拓展到直觉模糊集中，并给出了基于直觉模糊算子的多属性群决策方法。Liang（2013）将带有权重的有序加权平均算子（WOWA）也推广到了直觉模糊集中，同时提出了一种基于IFWOWA算子的多属性群决策方法。这些学者通过研究有序加权平均算子扩展了多属性群决策研究，同时，也为群决策的方法应用提供了理论基础。本书通过多数集（majority additive，MA）的有序加权平均计算二级指标权重。PPP项目投资决策是个复杂的多属性决策问题。一方面，决策指标具有层次性，评价指标权重不容易确定。同时，评价指标体系中又包含定性指标和定量指标，定量指标也可能存在数量级上的差异。由于本书构建的指标体系中某些一级指标下的二级指标数量较多，使用层次分析法（AHP）确定权重的统计量较大，权重难以确定，因此本书使用多数集有序加权平均算子计算二级指标权重。

②德尔菲法（Delphi）

Delphi法也被称为专家调查法，从20世纪50年代发明至今已得到广泛的运用和挖掘，它要求将决策的问题编辑成问卷调查表分发给专家，并要求专家对问卷调查表仔细填写后由调查者进行汇总处理。该方法对于信息量缺乏的决策领域具有很好的适用效果，该方法的优点就是群策能力，依靠专家的经验和集思广益，将各位专家的观点表达出来，精准可靠，同时能够防止类似于专家会议中存在的附和随同专家权威的倾向。

③群体聚类分析法

聚类分析法是解决群体偏好聚集和研究准则权重的重要方法之一，在群决策理论体系中占有重要的地位。聚类分析法又分为群分析和点群分析，该方法作为一种多元统计方法主要是研究如何进行分类。在分类之初将每一个对象都视作单独的一类，然后以分类对象之间的间距最小为原则进行分类，距离最近的两个分类对象为新的一类。通过不断地检验分类对象得到新的分类，直至所有的对象都能够找到新的分类。在群体聚类分析法的基础上对参与层次分析法（AHP）的各个专家赋予个人权重，可以在一定程度上排除个别专家极端值对权重合理性的影响。

（3）多属性决策中熵权法的运用

在信息论中一般使用“熵”来表示事物出现的不确定性，从而将“熵”用作不确定性的度量。熵权法能够根据各项指标调研过程中所提供数据信息量的大小来确定权重，熵权越大，所提供的信息越多，决策时作用也越大。在多因素综合评价中，熵权法是确定各因素权重系数的一种有效方法。熵权法确定的是一种相对客观的权重，能够在一定程度上摆脱主观性权重所带来的人为偏差。与主观权重不同的是，熵权法确定的客观权重随不同项目指标实际值的不同而产生变化。在本书中，只有专家对项目各指标进行模糊综合评价打分后，才能够根据指标的信息熵计算各指标的效用从而得出客观权重，从而结合主观权重综合赋权。这样的权重，既能结合实际评价的样本，又能考虑相关评价标准，避免权值的均衡化。

2.3.3 基于群决策理论的PPP项目投资决策实施步骤及方法选择

PPP项目投资决策的实施步骤包括指标体系的构建、指标权重的确定、综合测定方法的选择、做出决策。基于群决策理论，在不同的阶段，方法应用也有所不同。

（1）PPP项目投资决策指标体系的构建及方法选择

指标体系是构建PPP项目投资决策模型的基础，只有科学合理的指标体系才能够得出符合决策目标的结论。在初选指标的时候应当尽可能全面，而在指标体系的优化过程中应当考虑全面性、科学性、层次性、可操作性、目的性等。当指标体系中的指标数量太多时，就可能出现不必要的指标或者相互重复的指标。因此，使用科学的指标筛选方法对于模型的构建至关重要。

现有对指标体系筛选的方法主要有平均值法、主成分分析法、聚类分析法、层次分析法、基于Delphi的专家问卷法、基于回归方程模型的方法等。

①平均值法是指标筛选的常用方法，针对指标体系发放相应问卷，问卷一般采用李克特量表的形式，并根据最终的平均值对指标体系进行排序与筛选；

②主成分分析法通过降维的方法对重复的信息进行处理，降低评价指标的重叠；

③聚类分析法则是基于群组的思想对样本进行分类与处理。

在群决策过程中用何种方法对专家的数据进行集结是很重要的，本书针对PPP项目的特征，选择了专家访谈法以及基于问卷调查法的多数集有序加权平均算子法对指标体系进行筛选与完善。尽管使用主成分分析法等方法对指标进行筛选具有较好的数理依据，但对于PPP模式来说，专家访谈法的全面性和科学性的保证是这些方法难以企及的，专家的经验对指标体系的整体性及合理性有着较强的保证。而第二阶段的基于多数集有序加权平均算子法对指标体系的筛选又能够发挥群决策的效果，并在一定程度上避免主观性的干扰。

基于文献综述和相关资料进行指标的初选，再通过专家访谈法以及基于问卷调查法的多数集有序加权平均算子法对指标体系进行二阶段筛选与完善。

（2）PPP项目投资决策指标权重的确定及方法选择

PPP项目投资决策指标众多，在多指标的综合分析中，权重的确定直接影响到综合评价的结果，权重数值的变动可能引起被评价对象优劣顺序的改变，科学地确定指标权重在多指标综合评价中具有举足轻重的作用。

对于权重的确定可以分为主观赋权和客观赋权两大类。主观赋权法有层次分析法（AHP）、德尔菲法（Delphi）、二项系数法和环比评分法等；客观赋权法则有主成分分析法、熵权法等。两类方法各有优劣，主观赋权法可以利用专家的知识和经验较为合理地确定权重，较好地体现了决策的目的，符合重要性原则，反映了专家的主观意愿。但是完全依赖专家的主观判断会导致权重客观性较差，而且即使是专家也无法完全确定每个指标的重要性，因此会有些局限性。客观赋权法不易受到专家主观因素的影响，但其缺点也在于完全抛弃专家的主观判断，有时候会与事实相反。理想点距离（TOPSIS）法是根据有限个评价对象与理想化目标的接近程度进行排序的方法，是在现有的对象中进行相对优劣的评价。但当要求解决多指标、多层次的问题时，特别是需要衡量上层指标综合值时，不能由理想点距离法得到综合评价值。并且，由于底层指标数量较多，该方法在不考虑指标权重的情况下，往往很难反映项目优劣并进行排序。而通过群决策理论应用的集结方法则不会受到底层指标数量的影响。

因此，本书拟采用主观赋权和客观赋权相结合的方法确定指标的权重。第一步，向专家发放两两判断矩阵，对PPP项目投资决策模型的准则层进行两两对比，经过基于聚类分析法的群组AHP方法得到决策模型的准则层权重；第二步，使用基于多数集的有序加权平均算子法对底层指标进行筛选以及权重的确定。该方法能很好地集合群体意见，在群体决策中具有很好的适应性，具体的理论依据和实施方法将在后面的章节中进行论述。

（3）PPP项目投资决策综合测定方法的选择

综上所述，PPP项目投资决策模型具有如下特点：首先，可能面临多案例分析评价；其次，该模型存在多层级、多指标、信息不完全的特征。需要选择不完全信息法帮助评价项目优劣，在进行项目评价的时候，这里综合应用模糊综合决策方法。将通过问卷调查收集到的数据通过实证研究的方法得到综合评价指标体系的权重，这种权重的特点是主观性较强。因此，本书对二层指标则使用MA-OWA算子法，归一化而得到主观指标。对于一级指标，本书借鉴由高阳（2009）提出的基于聚类分析法的群决策AHP法。该方法赋予不同共识度的专家不同的权重，从而使得评判结果与群体共识相接近。

利用主层次分析法（AHP）的优点已经经过广大学者大量的分析和论证，该方法通过两两比较，能够更好地判断指标之间的关系，杜绝了孤立考虑单个指标的重要性。例如，若待测的同一层指标对研究者而言都比较重要，孤立地给某单个指标进行打分评价，在一定程度上会导致所期望测量的指标无法准确地衡量出各个指标的权重，从而无法建立合理的评价体系。如果采用AHP方法，对待测指标进行两两评价分析，则具有更好的适应性，并能够更加精准地评价区分。

采用群决策AHP方法的一个关键问题就是如何对专家的判断矩阵进行合成。因为，对于同样的问题，不同专家的意见很可能会不同，这就要求采用适当的手段对这些判断矩阵形成综合的排序向量。目前，学术界有以下几种思路：第一，对所收集的专家填写的判断矩阵使用几何加权平均，再利用最大特征值向量法归一化得到一个排序向量；第二，使用算术平均法进行加权平均，然后利用三角元素得到一致性矩阵，从而得到排序向量；第三，对专家填写的两两判断矩阵求得排序向量，再将计算得到的排序向量进行几何加权或者算术加权得到最终的排序向量。以上几种方法都得到了广泛的运用。本书根据问卷调查表的特性，根据黄崇超（2003）的仿真实验，当判断矩阵大于等于6阶时，对于判断矩阵的处理要明显优于前面的几种方法。综合本书所构建的指标体系，可以发现：一级指标数目大于等于6，使用基于群决策的AHP方法要更优。因此，本书对一级指标（上层指标）使用基于群决策的AHP方法。底层指标则选用专家问卷法由专家对指标重要性进行打分，采用MA-OWA算子法进行集成，并最终得到指标的主观权重。没有全部使用AHP方法的原因有以下几点：第一，利用AHP方法对多层次指标进行分析的时候，不但需要对每个判断矩阵进行一致性检验，还需要根据该层指标判断矩阵对上层指标判断矩阵进行一致性检验，较为烦琐。第二，底层指标使用MA-OWA算子法可以对重要性不达标的指标进行初筛，而使用AHP方法无法做到精确筛选。第三，由于本书设计的指标较多，某些一级指标下的二级指标数量超过了6个，将会加大专家工作量，影响问卷调查的精准度。被调查专家一般都倾向于采用较少的精力简洁地完成问卷调查表，只要求专家对一层指标采用主层次分析法进行判断，而对二层指标采用打分单独评价的方法获得了专家的支持与理解，方便调查数据的获取。

（4）根据案例综合效果测度及排序做出决策

针对备选的PPP待投资项目，按照先前构建的指标体系，邀请几位专家根据项目相关资料和前期调研情况对项目各指标的表现情况进行模糊综合评价，并使用熵权法计算各个指标的客观权重，接着与该指标的主观权重再次归一化为项目的指标综合权重，利用群决策模糊综合评价方法对项目评分进行集结并计算项目的最终评价值和综合排序，为PPP项目投资决策提供参考意见。

第3章 SJ公司PPP项目及PPP项目投资管理办法简介

3.1 SJ公司及其PPP项目简介

3.1.1 SJ公司简介

SJ公司是具有综合施工能力的大型建筑企业，持有铁路、公路、房屋建筑、市政公用工程4项施工总承包特级资质和铁路、公路、建筑、市政、测绘5项行业甲级资质，是全国建筑行业为数不多的“四特五甲”施工企业。此外，SJ公司还在众多领域拥有总承包及专业承包资质90多项，并具有国外承包工程资质和对外经营权。业务范围涵盖建筑安装业绝大部分领域，以及新材料研发生产、工程设计与监理、物流贸易与服务业、房地产、基础设施BT和PPP等投资项目。业务范围分布在全国近30个省、自治区、直辖市，以及海外安哥拉、委内瑞拉、埃塞俄比亚、蒙古国、印度尼西亚、巴拿马、斯里兰卡、马达加斯加、孟加拉国、哥斯达黎加等近20个国家。

SJ公司拥有2个国家级企业技术中心、11个省级企业技术中心、1个博士后工作站、2个省级工程（技术）研究中心等多个高等级创新平台，累计获得国家科技进步奖13项、省部级与行业科技进步奖387项、国家级工法24项，累计获得国家授权专利1 443项，荣获中国土木工程詹天佑大奖34项、鲁班奖28项、国家优质工程奖45项。

累计参与新建、改扩建铁路干、支线和专用线总里程近2万千米，建成大型铁路枢纽10余个，以及一大批非铁路交通、市政等基础设施项目和海外工程项目。不断创新投资模式，先后以资本金BT、PPP+政府购买服务、PPP+EPC+使用者付费、PPP+政府补贴等模式在安徽、山东、江苏、广东、海南等多个地方实施了一大批包括高速公路、轨道交通、市政道路、地下管廊、海绵城市等不同业态的投资项目，并引入基金、信托等金融机构，实现了“以小撬大”的杠杆投资效应。截至2019年年底，在土地一级开发、房地产开发、基础设施建设等领域的投资项目共计85个，总投资规模约1 416亿元。伴随日渐扩大的投资规模和第一批投资项目投入运营，基础设施的运营管理正在成为SJ公司业务板块的重要一极。2017年，SJ公司成立了投资运营公司，聚焦生态环保、城市综合运营，打造智慧运营平台，截至2019年年底，管理运营项目7个，全公司综合管廊、市政道桥运营里程累计突破300千米。

SJ公司多次获得“全国优秀施工企业”“全国五一劳动奖状”“全国思想政治工作优秀企业”等荣誉，先后被评为“全国文明单位”“国家知识产权示范企业”“全国重合同守信用企业”“全国工程建设质量管理优秀企业”“全国建筑科技进步与技术创新先进单位”“中国品牌文化影响力十大最具价值品牌”“中国企业形象管理典范单位”“全国模范劳动关系和谐企业”“‘十二五’中国创新品牌企业”“全国质量诚信标杆企业”“全国建筑业AAA级信用企业”等。2019年，SJ公司被评为“中华人民共和国成立70周年工程建设行业‘功勋企业’”。

3.1.2 SJ公司PPP项目简介

SJ公司主导了数十个大型PPP项目，多数项目被作为优秀案例入选财政部和发改委示范项目，供各行各业参考。

（1）SJ公司投资项目类型分布

SJ公司的投资项目类型主要有BT和PPP两种。

BT项目采取传统的公开招投标模式，即政府完成对项目立项、可行性研究、报批等工作后，发布公开招标公告，投标人投标并中标后拥有项目融资和建设的特许权，中标人自行组建项目公司（视情况而定，也可不设立项目公司），完成项目的投资、建设工作，项目建成后，中标人向政府指定单位移交项目设施（资产），并根据BT协议的约定，收取投资款和相应投资回报。BT模式可以理解为PPP模式的萌芽，但随着国家政策收紧，尤其是财政部2015年发布了57号文，明确禁止了BT模式，因此SJ公司的BT项目相对较少，主要是2015年以前的4个规模较小的市政道路工程项目。

随着实践探索，BT模式逐步退出历史舞台，PPP模式正式走上历史舞台，并越来越成为地方基础设施建设投资的主要方式。典型的PPP模式，是BOT，与BT最大的区别是多了一个“O”，即项目的“OPERATE”特许经营权。即项目建设完工后，社会资本方可以获得项目规定期限的特许经营权，从而获得回报。

SJ公司的PPP项目数量比较多，典型的有HK地下综合管廊项目、CZ海绵城市、SX高速公路、LA市体育中心项目等，其中HK管廊和CZ海绵项目都被财政部列入第三批次国家级示范项目库，因此SJ公司的PPP项目团队拥有全国领先的技术与丰富经验。

（2）SJ公司PPP项目行业分析

SJ公司作为行业内的标杆企业，其实施的PPP项目涉及众多行业和领域，主要包括地下综合管廊、高速公路、城市轨道交通、城际铁路、海绵城市、市政道路、棚户区改造、体育场馆、水务环保等，主要围绕施工主业，拓展业务，因此，市政工程占多数，也涉及生态建设、环境保护、体育、交通运输等。

（3）SJ公司PPP项目回报机制分析

根据投资回报机制的不同，PPP项目通常可分为经营性、准经营性及非经营性项目三类。经营性项目是指具有明确合法的收费基础，且在一定运营期内运营收入能够覆盖投资建设成本、运营维养成本、税费及合理收益，按照“使用者付费”的回报机制进行投资建设的项目。准经营性项目是指具有明确合法的收费基础，但在合作期内运营收入不足以覆盖项目投资建设成本、运营维养成本、税费及合理收益，按照“使用者付费+可行性缺口补助”的回报机制进行投资建设的项目。非经营性PPP项目是指不具有明确合法的收费基础，项目建成后自身不产生经营收入，按照“政府付费”的回报机制进行投资建设的项目。

不同类型的PPP项目，其运作模式、资金渠道及产权归属等均有所区别。付费型项目意味着用户在享受公共产品或服务时需要支付一定费用。可行性缺口补助型项目是指用户支付的费用无法满足社会投资方或PPP项目公司的回报需求，而通过政府财政补贴的形式给予相应补助。非经营性项目需要通过政府付费以投入使用。

按照上述分类标准，SJ公司的经营性PPP项目有2个，全部是收费高速公路项目；准经营性项目有35个，主要涉及地下综合管理、水环境治理、生态修复、垃圾处理、污水处理等业态；非经营性项目有11个，主要涉及市政道路。

3.1.3　SJ公司PPP项目管理体系简介

在PPP模式的两大核心主体中，政府方要求PPP项目规范运作，并且出台了一系列政策、法律和规章制度。而对于政府方制定的政策，只有在社会资本方的配合下才能有效落地，这就需要社会资本方将PPP项目规范化和标准化列入企业经营管理体系。此外，从我国目前PPP实践来看，社会资本方以国有建筑施工企业为主。国有建筑施工企业历来以工程总承包为主业，通常只负责项目建设，不负责运营维护，而PPP项目则涉及投资、融资、建设、运营、移交等多个环节，涉及知识面广、专业要求高、综合复杂性强、流程繁杂冗多，受到众多的法规政策约束，对国有建筑施工企业而言，PPP模式也是一个新的业务挑战。同时，PPP项目属于国有建筑施工企业的投资类业务，是拓宽业务领域、实现企业多元化经营的有力抓手，也是推进企业做大做强的重大契机。因此，以SJ公司为代表的国有建筑施工企业基于企业管理和PPP规范化运作的考虑，亟待建立一套完善的PPP项目管理制度。

为切实防范投资风险，规范投资行为，促进企业PPP业务规范向好、可持续发展，SJ公司从2017年开始，就着手PPP管理制度和管理流程的设计、完善工作。截至2020年6月30日，SJ公司已出台15项管理制度，按照管理范围，可以分为6大类，每一类所包含的管理制度见表3-1。

表3-1 SJ公司PPP项目管理制度框架

分类	管理制度
PPP项目战略管理制度	SJ公司PPP项目投资管理办法
	SJ公司PPP项目公司管理人员管理办法
PPP项目投资管理制度	SJ公司PPP项目投资开发管理办法
	SJ公司PPP项目尽职调查管理办法
	SJ公司PPP项目投标管理办法
PPP项目投融资管理制度	SJ公司PPP项目投融资管理办法

续表

分类	制度
PPP项目建设及运营管理制度	SJ公司PPP项目建设、运营及移交管理办法
	SJ公司PPP项目工程经济管理办法
PPP项目财务管理制度	SJ公司PPP项目基本财务管理办法
	SJ公司PPP项目会计核算指引
	SJ公司PPP项目税务处理指引
	SJ公司PPP项目经济利益分配办法
PPP项目监督与考核管理制度	SJ公司PPP项目审计办法
	SJ公司PPP项目评价管理办法
	SJ公司PPP投资类公司、直管项目公司薪酬与绩效考核管理办法

根据本书的研究内容，这里主要介绍SJ公司PPP项目投资管理制度中的3个管理办法。

3.2 SJ公司PPP项目投资管理制度的制定

3.2.1 SJ公司PPP项目投资管理制度设计的背景及目标

（1）SJ公司PPP项目投资管理制度设计的背景

①投资管理制度是SJ公司投融资体制改革的重要组成部分

自2014年国家大力推行投融资体制改革和PPP模式以来，国内基础设施投资市场发生较大变化。同时，国家先后出台了一系列有关深化实施失信行为联合惩戒、严格企业违规投资经营责任追究的政策性文件，这些文件和举措对企业依法合规、诚实守信经营提出了更高要求和标准。针对当前一些单位在经营活动中不规范行为屡有发生的现象，这一系列的PPP规范性文件、违规投资经营责任追究和投资监管等政策性文件，也为社会资本方依法合规开展投资经营活动指明了发展方向。

面对新形势、新挑战，SJ公司及所属各级单位积极应对，不断加大投资经营力度，取得了初步成效。为维护企业形象和市场信誉，防范投资风险，规范投资行为，促进基础设施投资业务持续健康发展，同时，为进一步加强PPP模式下投资开发管理工作，从源头上管控经营风险，设计出台PPP项目投资开发管理制度就显得尤为迫切。

②完善投资管理制度体系是SJ公司实现多元发展的需要

完善的投资管理制度体系是保障企业健康、快速发展的需要。在PPP模式亟待发展的当下，面对市场经济格局，大型施工企业生产要素的配置整合、管理层对所处环境感受认知度的深化，都要求企业投资经营管理机制必须自觉地、不断地自我完善，以保持生机和活力。目前，SJ公司针对PPP项目的投资经营管理职能单一，不能适应当前迅速变化的市场环境；同时，SJ公司面临的突出问题是经济增长的质量和效益有待进一步提高，尚未从根本上摆脱粗放经营的方式，具体表现在资金结构不合理、费用增支、效益增幅趋缓，而所有这些，都与企业内部投资经营管理有关。因此，要想实现长远的发展，获得持续性核心竞争力，就必须完善投资经营管理，这既是适应客观形势发展的基础，也是企业本身发展的内在需要。企业的投资管理是一切管理活动的基础，是参与PPP项目基础设施建设管理的中心环节，只有不断完善投资管理制度体系，强化、优化投资经营管理，增强企业的综合素质，发挥生产要素潜能，才能获得持续性的核心竞争力，为企业实现长远发展保驾护航。

③社会资本方需要深化对PPP项目投资管理的认识

第一，施工企业普遍缺乏有效投资管理经验。作为社会资本方的施工企业，在PPP项目基础设施的建设前期，可能由于不良的规划和协调、有缺陷的项目甄选分析，导致有限的财政资源被耗费在不良的项目上，从而无法产生与项目成本相对应的收益，最终导致成本畸高、资产利用不足和服务质量低下。在这样的大环境下，SJ公司作为一家大型施工企业，投资开发管理的规范就显得尤为重要。首先，项目的选择是投资开发的一大难点；其次，确定好了投资项目，接下来的工作重点就在于管理，如何有效制订出一个切实可行又收益可观的管理方案，PPP项目投资开发管理的制度要求就必不可少。

第二，建筑行业正面临产业转型。在当前PPP模式下，建筑企业面临着前所未有的机遇与挑战。一方面，PPP模式要求作为社会资本方的建筑企业进一步提高对全产业链资源整合的能力；另一方面，建筑业产业链各个环节也将面临崭新的发展环境。作为PPP模式市场主体的建筑企业，SJ公司应积极适应当前及未来政策调整及市场发展趋势，不断优化产业结构，提高自身资源整合能力，重点打造技术与管理核心竞争力，方可在未来的PPP市场竞争中立于不败之地。

第三，缺少相应指导性的法律制度。目前，我国缺乏专门适用于PPP模式的法律法规，造成社会资本方没有相应指导性的法律文件作为操作依据，在项目管理过程中经验不足。法律不健全、不完善是制约PPP模式在中国发展的主要障碍。因此健全的法律制度环境是PPP模式赖以生存的基础，也是增强投资者信心、降低项目风险的有效措施。PPP模式涉及担保、税收、外汇、合同、特许权等诸多方面，内容复杂，文件繁多。作为项目运作的执行者，社会资本方应从保护和促进公共利益的立场出发，有必要根据自身经验摸索、建立一套执行PPP项目的规范化、标准化交易流程，对项目的具体运作提供技术指导，确保项目运作的高效性与可盈利性。

（2）SJ公司PPP项目投资管理制度设计的目标

①盘活投资资金，提高生产资源使用效率

在社会资本方的正常经营活动范围中，除了将资金用于自身正常的生产活动之外，还可以将一部分资金用于对外投资。当然，对外投资是建立在资金满足正常的生产经营活动需要外还有暂时闲置的前提下。为了发掘这部分闲置资金的潜力，社会资本方有必要将这部分资金对外投资，以便为企业带来更大的经济效益。对于这部分投资资金而言，如何建立一个有效且风险可控的经营管理体系是项目运行的重中之重。而投资开发管理的核心在于对社会资本方除正常生产经营活动之外的各种投资业务，能按经营目的顺利地执行、有效地调整所进行的系列管理、运营活动。

②增强对投资开发管理全过程的规范与监督

PPP模式下的投资开发管理涉及的工作范围较为广泛，合理确定企业投资活动的经营形式和管理体制，要求社会资本方在进行投资项目建设时不仅应遵循国家出台的一系列政策法规，还应对本企业自身投资项目实行全过程监督管理：从设置管理机构、配备管理人员开始，到完善市场调查机制，掌握经济信息，进行经营预测和经营决策，确定投资经营方针、经营目标和生产结构，各个方面都应慎之又慎。本次修订的投资开发管理制度，明确规定了编制经营计划，签订经济合同的具体步骤，建立、健全经济责任制和各种管理制度，提高各生产资源的利用效率；加强财务管理和成本管理，处理收益与利润的分配；对全面分析评价企业投资经营的经济效益，开展企业投资经营诊断等都具有积极的指导意义。

3.2.2 SJ公司PPP项目投资开发管理制度设计的过程

（1）前期研究

为优化PPP项目管理，推进PPP业务规范发展，SJ公司从2017年上半年开始，由公司领导带队，组织投资、经营、法规、规划、成本、财务、资金、物资等部门和单位，针对PPP业务如何管控开展多次研讨，并对部分PPP项目、投资公司进行集中调研。

①内部研讨

在内部研讨会上，各个业务部门和单位，根据部门职责权限以及对PPP业务的认识，对投资开发管理制度的设计提出了建设性意见：

在招投标方面，投资发展部从管理角度上提出，投资项目运作从信息跟踪到立项决策，再到投标实施，应当成立相对固定的团队，人员配备、成本控制等应形成制度化安排。战略规划部提出投资发展部和市场营销部的职责分工应以“公司是否出资或联合体投标”为条件划分，只要公司出资，就应明确是投资项目（由投资发展部归口管理）；而对于联合体投标，必须先约定好收益与风险共担，责任对等原则，联合体之间承担连带责任，要有分摊的基本原则等。

对于投资尽职调查方面的问题，总会计师要求在风险控制措施中表示，针对合同谈判的常见问题，法律合规部和投资发展部联合拟编制合同谈判指南并适时更新，投资公司配备的法务专职人员参与项目尽职调查，在后期给公司上报的评审材料上签字。法律及风险管控部门认为项目识别阶段主要解决项目的合法、合规性问题，因此需要对项目的前置审批情况和必备条件进行调查。该阶段的调研以填写问卷的形式做出。

在投资开发管理问题上，上级公司下发《关于进一步规范企业经营管理工作的通知》，要求“坚决杜绝中标后引入产业基金、增加合同主体行为，坚决杜绝履行决策程序后又改变融资方案，尤其是表外变表内的行为”，各项目融资交割、投融资方案的落地执行需以不影响项目实施为原则、为前提。总会计师提出要顺势而为，强化构建运作PPP项目的六种能力，而涉及投资经营管理的一种能力就是风险管理能力。他指出：风险管理能力是对我们最大的考验和挑战，要防范风险，如何让监管跑在风险前面，怎样把握“收与放”的“度”就显得尤为重要。这既需要从机制和制度两方面的基础建设上着手，更需要思想上的睿智和行动上的勇气。

②实地调研

第一，针对PPP项目的调研。

在调研SX高速公路项目时，投资发展部建议把实际情况与招投标时发生的变更内容做差异化梳理，及时做总结思考，为以后项目提供借鉴经验。金融管理部对联合体投标问题提出了新的建议：联合体投标时，联合体各方最好分开相应额度的保函，这样不挤占公司金融资源；若只能由公司开具，则对方须承担相应费用。同时预防控制权风险，不能为出表而让渡对项目的实际控制权，可引入基金采用联合体投标解决出表问题。

在调研CH养老产业项目时，法律合规部指出：对养老产业这个项目，法律风险贯穿始终。在盈利模式方面，从法律角度看，钱投出去怎么收回来是一个大的风险问题，从风险管理的角度还要考虑一些风险分散的措施，建议在盈利模式上应具有多元化，因此做一些尽职调查测算是很有必要的。

高速公路项目及养老产业项目的实地调研讨论了运营风险与经营管理的关系，即项目建成后，运营期间的风险时有发生。这些风险与项目能否满足环境保护相关法律法规的要求，与项目的配套设施、运营期间的专业人才和经营管理人员知识水平等密切相关。同时，建筑企业也提出了新的要求，建筑企业要通过加强经营管理、提高经济效益、增强自身资本积累和投资实力与能力，提升核心竞争力，为向社会金融机构融资奠定良好的财务资源和信用基础。

第二，针对投资公司的调研。

在JS投资公司调研上，财务部指出：根据银保监会的相关规定，单户融资超过10亿元，原则上须通过银团贷款，单户融资超过30亿元，必须通过银团，需组织好银团招投标工作，做到合规合法。通过引入招投标竞争机制，降低保险成本。在AH投资公司调研时，投资发展部建议应重视预可研工作，严把质量关，对于预可研局还没过会就已经招投标的行为明令禁止。

在JS投资公司调研的同时也讨论了关于尽职调查的工作，法律合规部指出要树立全过程的风险意识。PPP项目复杂的交易结构，决定了合作方的选择要充分论证，要建立相关资信评估、尽职调查机制。法律合规部也在要求法务人员提交项目的法律尽职调查报告。

在AH投资公司调研会上，战略规划部称"表外业务，表内管理"，公司如何对SPV管控，有两个渠道：①派驻董监高人员履职，体现股东意志；②制度层面，SJ公司作为股东方要深度参与日常经营管理，建立董监高履职要求。围绕发展战略，针对目前的市场形势和企业经营工作的实际需要，要求资本经营与投资经营立体推进。有效提升资本经营的杠杆倍数，创新商业模式、融资模式，特别是要创新与外部单位的合作模式，全面加强对表内外资产中风险资本的管理，以有效的经营管理措施压减表内外风险加权资产总额，努力把资本经营的杠杆倍数提高到10倍以上。

（2）初步设计

2017年3月，SJ公司根据前期制度论证和资料收集，初步制定了《SJ公司PPP项目投资开发管理办法》（试行）、《SJ公司PPP项目尽职调查管理办法（草稿）》、《SJ公司PPP项目投标管理暂行办法》。各部分的基本内容为：

《SJ公司PPP项目投资开发管理办法》（试行）共有12章，包括总则、投融资预算与投资营销指标、项目筛选与立项、项目前期运作、可行性研究、评审与决策、资格预审、投标管理、合同管理、投资经营档案管理、投资经营问责和附则。

《SJ公司PPP项目尽职调查管理办法（草稿）》共有5章，包括总则、尽职调查责任主体、尽职调查对象和内容、尽职调查程序和报告撰写和附则。

《SJ公司PPP项目投标管理暂行办法》共有6章，包括总则、投资项目投标前提、投资项目投标程序、投资项目投标报价、投资项目投标档案管理和附则。

（3）征求意见和制度修订

投资管理制度的初稿设计出来后，SJ公司向各投资公司、运营公司、项目公司和下属子分公司等单位公开征求意见，并通过电话会议和现场会议的形式对PPP项目投资管理制度进行修改。各部门对这3个文件都进行了非常认真的研究探讨，现以《SJ公司PPP项目投资开发管理办法》为例进行说明。

①第一次修改

2017年3月，《SJ公司PPP项目投资开发管理办法》（试行）初稿出来后，经过4个多月的试点，各业务部门提出了很多建议，见表3-2。

表3-2 2017年7月各部门意见反馈

对应章节	提议部门	意见内容
第一章 总则	运营公司	明确引入参考文件的出处
		增加运营公司、设计院为投资评审委员会成员
	法律合规部	增加《政府采购法》为参考性法规
第二章 投融资预算与投资营销指标	运营公司	完善经营性PPP项目的种类
		增加PPP项目信息预报制度的流程，明确每一步骤，使得工作更加完善
	DQH公司	参考SJ公司投资部〔2016〕842号文，对项目资金杠杆比例要求为不低于1∶6（实际出资与项目建安费之比），所以将原则上出资额与所承揽建安份额之比不低于1∶5改为不低于1∶6
		增加对施工类企业在营销初期的准入考量
	HN投资公司	完善项目报经局领导批准后的工作步骤

续表

对应章节	提议部门	意见内容
第三章 项目筛选 与立项	财务部	增加政府方的出资最低限额，提高预算合理性
		项目所在城市增加对生产总值的预算收入引入产业基金最低要求
		增加纳入投资范围的项目征地等列入前期费用的项目
		增加工程类子分公司跟踪的PPP项目立项申请步骤，扩大投资公司的工作范围
	投资发展部	增加对PPP项目的要求及分类
	HN投资公司	修改公共预算最低满足标准
		将原来的与中标项目数量进行对比考核打分改为根据质量对比打分
		调研报告相关内容与可行性研究报告中内容重合较多，且前期调研中资料获取难度大，许多资料需中标后才能获取，因此建议立项申请表是否可不附调研报告
	KF投资公司	扩大政府补贴或政府付费的政府级别规划
		将“根据所报信息项目与中标项目数量进行对比考核打分”改为“根据所报项目信息质量进行考核打分”，投资公司根据所报信息项目及前期工作对接进行初步判断筛选后，再向投资发展部提报，已经过严格的筛选。若采取“根据所报信息项目与中标项目数量进行对比考核打分”将打击工程类子分公司投资项目信息申报的积极性，且根据所报信息项目与中标项目数量进行对比实际意义不大

续表

对应章节	提议部门	意见内容
第四章 项目前期 运作	运营公司	增加“运营收入变化对投资预期收益影响的敏感性较强，则应参照经营性PPP项目进行运营收入调查，出具运营收入调查报告”。不管运营收入对我方影响如何，只要其数量金额较大，就应出具收入调查报告
		将出资额度改为出资比例，精确政府方的投资要求
	财务部	增加对政府付费项目的修改
		增加政府出资入股资金在建设期内的要求
		补充向局财务部提交该合作伙伴的财务报表及财务情况说明书
		增加项目联合体牵头人的定性要求
		增加降低投资风险的保险种类
		增加小股大债比例要求
		增加核心人员在联合体牵头人的PPP项目中的要求
	HN投资公司	修改进入运营期后，绩效考核应仅与运营维护保养费用挂钩，而不得与政府可行性缺口补助挂钩。目前，准经营性项目中政府付费中可行性缺口补贴费用=可用性付费-使用者付费+运维绩效付费。此时的绩效考核将与可行性缺口补贴挂钩
	KF投资公司	补充建设期利息的划分
		删减“对于前期费用占比较高且纳入投资范围的PPP项目，政府方出资额度应不低于项目前期费用”。在实际项目运作中，政府方出资额难以达到项目前期费用，如前期费用占总投资的20%，政府出资比例必然达不到前期费用
	法律合规部	删除“绩效考核实现投资回报”。绩效考核并不是实现投资回报的手段

续表

对应章节	提议部门	意见内容
第五章 可行性 研究	DQH公司	增加“根据PPP项目所在区域和专业特点，投资公司要提前考虑预参建施工单位，组织其参加标前成本测算和施工利润预测分析。尤其涉及专业性较强的部分，必须由所属专业子分公司进行成本测算和施工利润预测分析，确保相关数据的准确性，避免造成后期成本的较大偏差。”突出重点强调PPP项目涉及专业性较强的部分必须经成本测算和施工利润分析，避免出现后期成本的较大偏差
	财务部	增加应明确的经营性PPP项目的内容
		修改“应由公司委托第三方咨询机构”，公司要明确主责部门；应是两家以上第三方机构
		增加PPP项目的预算分析内容，使预算更加严谨
第六章 评审与 决策	财务部	重新规划投资公司的工作内容
	投资发展部	增加评委会对于项目评审决议的程序，使项目审批更加严谨
第七章 资格预审	KF投资公司	取消第七章资格预审内容，若资格预审条件不满足，则不能进行后期投标
第八章 投标管理	DQH公司	增加主动运作资格预审和招标文件的步骤，明确运作的关键内容，节约后期项目实施环节的劳动力成本
	财务部	增加未通过股份公司审批的项目的后续工作
	HN投资公司	删除“签订合作框架协议”，合作框架协议等约束性文件一般不具有法律效力

续表

对应章节	提议部门	意见内容
第九章 合同管理	DQH公司	强调涉及专业性较强的工程的要求，增加关于合同谈判方面的程序，完善与合同相关的事宜
	财务部	增加政府方履行的主要义务或合同生效的条件
		增加投资合同的审批步骤，使项目进行更加严谨
第十章 投资经营 档案管理	HN投资公司	章节名称由“投资经营问责”改为“投资经营档案管理”
	KF投资公司	修改“政府付费未列入财政预算和中长期财政规划、无人大决议批复等”条文，该项规划只是在PPP合同中注明即可，最终由项目公司督促完成
第十一章 投资经营 问责	财务部	整章参照《国务院办公厅关于建立国有企业违规经营投资责任追究制度的意见》（国办发〔2016〕63号）进行修改
第十二章 附则	财务部	增加项目融资的要求
		更改部门审批顺序
		应将投标审批表附后；说明本办法中的县级政府应指“百强县”

针对上述建议，SJ公司再次组织各部门、单位召开研讨会议，经过多次的讨论和分析，对初稿进行修订，并上报公司总经理办公会和董事会进行决议，于2017年8月下发《SJ公司PPP项目投资开发管理暂行办法》。

②第二次修改

为进一步规范PPP模式，自2017年年底开始，国资委、财政部又连续发布了一系列有关PPP的政策文件，要求金融机构加强对PPP项目资本金的核查，禁止社会资本方采用不符合规范要求的PPP项目资本金融资模式。财政部数据显示，2018年全国已清退PPP项目2 557个，清退项目总规模达3万亿元[①]。在国家加强对PPP项目投融资监管的背景

① 数据来源：财政部.财政部政府和社会资本合作中心，[EO/OL].[2020-12-09].https://www.cpppc.org/jb/1320.jhtml.

下，SJ公司再一次对2017年8月下发的《SJ公司PPP项目投资开发管理暂行办法》进行修改，各部门根据政策变化，对《SJ公司PPP项目投资开发管理暂行办法》提出了相应的修改建议，并于2019年6月进行汇总。具体内容见表3-3。

表3-3 2019年6月《SJ公司PPP项目投资开发管理暂行办法》具体修改内容

对应章节	提议部门	意见内容
第二章 投融资预算与投资营销指标	投资发展部	删除“出资额与所承揽建安份额之比不低于1∶6”的自有资金杠杆率要求
		删除“各单位在前期参与立项跟踪而后由于政府方原因转为传统施工招标项目以及未作为联合体成员参与股份公司投资项目”两种情形
第三章 项目筛选与立项		增加PPP项目所在市场的前期调研工作的内容：如含存量项目，其存量项目的资产、生产经营、债权债务、效益等状况
		增加经营性PPP项目调研重点考察的内容：项目是否包含大中修及更新改造，如包含，需测算考虑大中修及更新改造费用对项目总体效益的影响
		增加准经营性和非经营性PPP项目调研重点考察的内容：项目是否包含大中修及更新改造，如包含，需测算考虑大中修及更新改造费用对项目总体效益的影响
		PPP项目实行信息预报制度，单位应根据收集的PPP项目基本情况，填报PPP项目信息，各投资公司及时更新项目进展动态，填制投资项目信息跟踪台账，由原来的每周二改为每月25日前报投资发展部备案
		删除“工程类子分公司跟踪的PPP项目立项申请由区域主责投资开发类公司审核后为项目立项”

续表

对应章节	提议部门	意见内容
第四章项目前期运作	投资发展部	删除“优先选用财政部〔2015〕21号文付费公式，对于其前低后高的现金流现象，可以与金融机构商议灵活的还款方式”
		增加了政府补贴的内容：各类补贴对应的增值税等相关税费应由政府方承担
		增加条款：签约主体与实施机构不一致时，须要求政府方出具授权委托书
		删除引入产业基金负责项目融资的情况
		为规避利率风险，增加条款：要求与市场实际利率同步
		删除“当投资额或在建工程产值达到保函额度后应释放保函。开具保函过程中的相关费用应纳入投资范围或运营成本”
		删除“全国人大法工委于2017年发函明确，工程项目审计结果不能作为竣工决算的依据”
第五章可行性研究		增加PPP项目“可行性研究报告”的附件：投资发展部审核的联合体合作协议、项目入库（省级及以上）的证明材料、预参建单位的施工利润率承诺
第六章评审与决策		修改评审委员会的评审要求：“第五十五条 投资公司应派负责本项目的分管领导以及投资、财务部门负责人等专业人员参加项目评审会，负责汇报项目情况并回答有关评审问题。评审委员会各成员根据会议评审情况，于会后两天内出具书面评审意见并盖部门章，投资发展部汇总评审意见并形成会议纪要”
		增加条文：对于公司作为联合体牵头方或者公司主导的投资项目，委托运营公司编制“项目投资风险评估报告”作为评审委员会评审的参考依据，同时作为投资公司与投资合作相关方沟通的重点事项。反馈的情况附表

续表

对应章节	提议部门	意见内容
第七章 资格预审	投资 发展部	增加条文：原则上项目必须通过上级公司、公司两级决策，特殊情况下，必须满足立项审批条件
第八章 投标管理		增加条文：第六十九条 投资公司应根据评审意见（风险评估报告），在投标前与政府方对接落实，并填写“投资项目风险评审落实情况对照表”报投资发展部
第九章 合同管理		删除条文：第八十三条 投资合同签署后，工管中心牵头、相关部门参与，组织投资开发类公司向投资运营公司、项目公司及参建单位进行PPP项目管理交底

3.2.3 制度印发及实施

（1）《SJ公司PPP项目投资开发管理办法（修订）》的印发与实施

为健全和完善投资管理机制，规范PPP项目投资经营行为，防范投资风险，提高投资收益，SJ公司制定了《SJ公司PPP项目投资开发管理办法（修订）》，经2019年第一次总经理办公会审议通过，于2019年6月印发，要求各单位认真学习并贯彻执行。

（2）《SJ公司PPP项目尽职调查管理办法》的印发与实施

为规范公司投资项目尽职调查工作，为公司甄别优质投资项目和合作伙伴提供参考，防范投资项目法律风险，SJ公司制定了《SJ公司PPP项目尽职调查管理办法》，经2018年第三次总经理办公会审议通过，于2019年1月印发。

（3）《SJ公司PPP项目投标管理办法》的印发与实施

为进一步规范基础设施投资项目投标和报价行为，加强投资项目管理，从源头上确保投资收益，切实防范投资风险，根据上级公司及公司投资管理制度有关规定，SJ公司制定、印发了《SJ公司PPP项目投标管理办法》，要求各单位认真组织学习并贯彻执行，并将在执行过程中遇到的问题和情况及时反馈，以便不断修订完善。

3.3 SJ公司PPP项目投资管理办法简介

3.3.1 《SJ公司PPP项目投资开发管理办法》介绍

《SJ公司PPP项目投资开发管理办法》（修订）共有12章89条，每章内容为：

第一章：总则。

总则主要是对PPP项目投资经营管理的概述，主要包含以下内容：

（1）将PPP项目统一划分为经营性PPP项目、准经营性PPP项目和非经营性PPP项目三种类型。

（2）成立PPP项目投资评审委员会，成员包括投资发展部、法律合规部、财务部、金融管理部、成本管理部、董监事会办等副部长或副总经理及以上人员。

（3）拟经营的PPP项目，履行以下管理流程：项目信息跟踪与立项、项目前期运作、可行性研究分析、项目评审与决策、资格预审、投标管理、合同谈判及签订、建设及运营实施监管等。

（4）公司及子分公司作为联合体成员方参与的投资项目，无论是否存在出资义务，均应按照投资行为进行管理，编制可行性研究报告，履行投资决策程序。

（5）公司对投资项目实行负面清单管理，投资发展部依据上级公司关于负面清单管理的规定，适时公布或更新投资项目负面清单，列入负面清单禁止类的投资项目，各投资公司一律不得投资。

（6）对本办法的适用范围进行规范。

第二章：投融资预算与投资营销指标。

(1) 各投资公司、运营公司应以即将实施的PPP项目为基础，按照《SJ公司PPP项目投融资管理办法》的要求编制下一年度的投融资预算，并提报投资发展部。

(2) 根据公司投资发展战略，结合整体年度营销计划，公司每年下达各单位的投资营销任务指标，各单位完成的营销指标情况作为其年度绩效考核的重要依据。

(3) 各投资公司在编制年度投资预算时，要结合公司下达的年度投资营销任务和自有资金杠杆率要求，严格控制自有资金投入量。

第三章：项目筛选与立项。

(1) 各投资公司应建立健全投资项目信息管理体系，制定项目信息的收集和管理制度，并指定专人负责投资项目信息管理工作。

(2) 各投资公司应充分发挥企业品牌优势、自身专业优势、区域和资源优势，加大企业宣传力度，加强重点区域、重点领域、重点项目的经营力度，深化政企合作力度，大力促进高层互访和战略合作协议的签订。

(3) 各投资公司应广泛搜集、跟踪、整理、筛选PPP项目信息，建立PPP项目信息库，做好PPP项目及所在市场的前期调研工作。针对不同的PPP项目，其考察重点也要有所区别。

(4) PPP项目实行信息预报制度，投资发展部为投资项目信息的归口管理部门，各单位应根据收集的PPP项目基本情况，填报PPP项目信息，提报至各区域主责投资公司进行初步筛选，各投资公司应根据初步选定的投资项目信息基本情况，及时更新项目进展动态，填制投资项目信息跟踪台账，于每月25日前报投资发展部备案。

(5) 各投资公司将所跟踪项目进行初步筛选，对于符合条件的项目于每月25日前将可推进项目信息按规定格式及内容提报投资发展部，由投资发展部统一进行筛选，编制重点跟踪PPP项目信息台账反馈至各投资公司，由投资公司对筛选通过的投资项目信息组织商务调研、策划和商洽等推进工作。

（6）投资公司跟踪推进的新增投资项目，自行对项目前景、收益、风险、合作条件及融资等方面进行初步分析论证，对于符合公司《关于规范和加强投资项目准入管理的通知》相关规定的项目，可向投资发展部提报“投资项目立项申请表”，立项申请表必须附调研报告。

（7）PPP项目立项申请，由投资公司作为项目立项申请主体，报投资发展部。由投资发展部、财务部、法律合规部对项目情况进行审核，提出审核意见。

第四章：项目前期运作。

（1）投资公司是项目前期运作的责任主体，公司相关部门提供投融资、法律、财务、技术等专业服务与指导。预参建单位、设计院及运营公司应配合投资公司成立包含投资、融资、设计、施工、运营等专业人员组成的运作团队，制定工作清单，引入责任矩阵，明确职责分工，加强前期策划，按照风险与收益并重、运营与施工并重、投资与融资并重的原则，加强与政府及项目各方的有效对接，提前介入项目前期各项工作，参与设计项目实施方案，确保项目合法合规。

（2）分清层级，明确目标，主动做好与政府高层、政府主管部门和业务层的对接工作。第一，与政府高层对接：由投资发展部或投资公司提出高层互访互动方案，推动公司领导与政府高层举行会晤，通过签订战略合作协议、合作框架协议等形式，建立战略性、长远性、互补性的合作基础。第二，与政府主管部门对接：由投资公司主责，公司区域指挥部（办事处）参与，细化落实高层对接成果，商谈具体合作项目、合作模式、边界条件等，形成共同推进项目的思路和方向。第三，与业务层对接：由投资公司主责，预参建施工单位、运营公司参与，与政府主管部门的业务科室、项目的规划设计单位、咨询和代理机构进行接洽，深入了解项目的实施方案、设计文件和概（预）算资料等，具体落实合作细节，形成各类文本，履行相关程序，加快项目落地。

（3）确保PPP模式的合法合规性，督促政府和业主完善项目规划、工可、初设、土地、环评、投资模式等项目要件的编制和报批工作。其中：投资模式应取得有权限机关的批准，PPP项目应在完成物有所值评价、财政承受能力论证和项目实施方案的基础上，纳入省级及以上PPP项目库，确保项目后期的政府付费或政府补贴能够纳入县级以上政府中长期财政规划和人大批准的年度财政预算。

（4）PPP项目合作方案应基于项目全周期，统筹考虑规划设计、投融资、建设管理、运营管理、投资退出等各个阶段的投资边界条件，重点运作内容有：投资范围、定价原则、投资周期、投资保障、投资回收及回报、合作伙伴、风险分担、融资方案、履约担保、法人治理、建设方案、运营方案（包含运营的范围、标准确认及大中修更新改造、电费、水费的承担主体）、建设期和运营期的审计、绩效考核、投资退出等。

（5）根据企业投资目的，合理选择项目的投资范围和定价原则。具体项目的投资范围可划分为A、B、C三个部分，其中：A部分主要为项目的前期立项、报批、初步设计、征地拆迁、管线迁改等前期工作。B部分主要为项目的建安工程和常规设备的采购及安装，是企业投资的主要目标。C部分主要为专项设备、运营设备的采购、集成和安装，以及项目建成后的更新改造、维修、养护和运营，该部分宜结合业主需求和企业的投资目的及专业优势纳入投资范围。

（6）根据投资范围和投资目的不同，合理确定投资周期（包括建设期和运营期）。建设期应科学合理，技术可行，应避免征拆受阻、停窝工、抢工期而导致项目建设管理成本的增加。运营期应该根据项目性质和回报机制合理设定，其中：经营性PPP项目应延长运营期，非经营性

PPP项目应缩短运营期，准经营性PPP项目则应根据政府补贴、项目年度运营收入和成本等因素综合分析，合理确定运营期。

（7）根据项目性质和回报机制不同，全面运作并落实投资保障措施：①经营性、准经营性、非经营性PPP项目均应纳入省级及以上PPP项目库。②准经营性PPP项目的政府补贴、非经营性PPP项目的政府付费应纳入地方政府中长期财政规划和各级地方人大批准的年度财政预算。③经营性PPP项目应在科学合理的运营收入分析及成本测算的基础上，明确特许经营的范围及期限、收费定价和调价机制、最低需求保障机制、绩效考核机制、投资退出机制等，确保运营成本和运营收入科学合理、运营风险总体可控、运营收益可实现。④对于建设成本偏高，政府可研报告中运营成本低估、运营收入虚高、收费收入难以保障的经营性PPP项目，应转换为准经营性PPP项目。⑤准经营性PPP项目应明确政府补贴机制。⑥非经营性PPP项目应明确政府付费机制。⑦推进运作的PPP项目录入国家财政部、发改委示范项目库，为后续发行PPP项目专项债券、资产证券化创造条件。

（8）控制运量不足、运营（收费）收入不足、收费定价和调价机制失控等运营风险。①对于经营性PPP项目，应评估运营收入风险，提前考虑各种收费免征政策、收费定价和调价机制，在决策前应聘请有资质的第三方咨询单位进行调查，对运营收入进行独立预测，对照项目工程可行性研究报告中的预测运营收入进行对比分析，得出定性结论和定量结果，出具正式书面运营收入调查报告，作为投资决策的依据。②对于准经营性PPP项目，在充分考虑各种收费免征政策、收费定价和调价机制的基础上，还应提前考虑政府保障机制、绩效考核机制等因素的影响，以运营收入为基础设计最低需求量，避免单纯考虑数量风险。若运营收入变化对投资预期收益影响的敏感性较强，则应参照经营性PPP项目进行运营收入调查，出具运营收入调查报告。

（9）根据项目类型及所在地同类项目的运营维养经验数据，投资公司配合运营公司确定运营成本的组成、调整原则，与项目业主方进行沟通，运营公司要参与运营成本测算，并出具运营测算报告。运营成本主要有：日常维护费用、大中修费用、设备更新改造及追加投资、运营直接费用、运营管理费用、保险费用等。对于采用运营成本包干方式的PPP项目，应全面分析项目运营成本及组成，确保运营成本在包干金额以内。

（10）PPP项目的政府补贴可分为建设期补贴、运营期补贴和政策性补贴，应确保各种补贴足额及时到位，各类补贴对应的增值税等相关税费应由政府方承担。其中：①建设期补贴主要有无偿划拨资金（国家专项补助资金、省市补助资金等），政府出资入股资金在合作周期内不计本息、或不参与项目公司分红、或分红比例明显低于股权比例等。②运营期补贴主要由政府对最低需求量或运营收入不足部分进行缺口补助，对超额部分进行分成；无偿或以优惠价格向项目公司租赁运营所需的各类资产等。③政策性补贴主要有财政贴息、税费优惠、一定范围内的自主定价权、水电燃料等生产要素的价格优惠、奖励资金（含以奖代补资金）、无偿划拨土地使用权等。对于非经营性PPP项目和运营预期较差的准经营性PPP项目，与政府沟通，应提高政府方出资比例，以降低公司方出资金额和投资风险。对于前期费用占比较高且纳入投资范围的PPP项目，政府方出资比例应不低于项目前期费用占总投资额的比例。

（11）根据具体投资模式不同，选择合理的投资回收及回报机制，投资回报应统筹考虑投资周期内的投融资、建设、运营等关键阶段的利润点和实现途径，提前做好投资回收的路径设计和回收资金计划，在确保项目公司正常经营现金需求的情况下降低项目公司现金存量。①经营性PPP项目主要通过运营收入（收费/票务收入和其他经营收入，下同）实现投资回收，通过施工利润、资金回报和运营收益实现投资回报。②准经营性PPP项目主要通过运营收入和政府补贴实现投资回收，通过施工利润、资金回报、运营收益实现投资回报。③非经营性PPP项目主要通过政府付费实现投资回收，通过施工利润、资金回报、运营维养收益、绩效考核实现投资回报。

（12）依法合规选择PPP项目的参与主体，主要有：项目实施机构、政府出资代表、联合体成员企业（系统外战略投资人）、融资单位、政府引导基金等。其中：PPP项目的实施机构应为政府部门或政府机关事业单位，出资代表可为有实力的地方政府平台公司（但必须符合现行政策规定）或国有企业，联合体成员企业应具备与职责分工相对应的资质、实力和信誉，融资单位的资金来源应充足可靠且合法有效。应充分利用政府引导基金和优惠贷款，降低我方出资额度和资金成本，提高投资收益水平。签约主体与实施机构不一致时，须要求政府方出具授权委托书。

（13）当与系统外企业合作投资PPP项目时，联合体成员企业优先选择央企、国企，审慎选择与民营企业或民营资本开展投资合作，确需合作时，应选择行业龙头企业或上市公司等有实力有信誉的民营企业。选择民营资本合作前，应按公司投资项目尽职调查管理办法，履行相关审批手续。在投标前必须签订联合体合作协议。

（14）在与合作伙伴组成联合体时，须根据项目具体情况和投标条件分析，合理确定联合体牵头人。除非由于招标竞争条件限制、评标评分需要、增加投资项目业绩或其他必要情形，否则不得将公司充当联合体牵头人，避免大包大揽现象而增加投资风险。

（15）按照风险分配优化、风险收益对等和风险可控等原则，合理设计投资周期内各个阶段的风险分担机制，原则上项目建设风险主要由社会投资人承担，法律和政策风险（含利率风险）应由政府承担，不可抗力风险由双方共同承担，融资和运营等风险根据项目实际情况进行合理分配。

（16）应根据项目建设阶段和运营阶段的潜在风险等级和风险承受

能力，通过购买建筑工程一切险、工程财产险等险种降低部分风险，建设期和运营期的保险费用应分别纳入投资范围和运营成本。

（17）严格按照公司投资项目融资管理办法开展项目融资工作，在项目上会决策前提前比选、确定切实可行的项目融资预案，融资预案应符合公司《境内PPP项目投融资管理办法》。

（18）为规避利率波动风险，与业主磋商资金利率、回报率和折现率时，原则上必须与央行同期贷款基准利率相挂钩，随央行同期贷款基准利率的波动而调整，严禁签订固定利率合同，要求与市场实际利率同步。

（19）合理设置法人治理结构。对于有多元股东的PPP项目，应就项目公司的股东会、董事会、经理层等治理结构与政府方提前进行沟通，确定主要人员配备要求及议事规则。由公司作为联合体牵头人的PPP项目，董事会、经理层等核心人员应由公司委派。

（20）为合理控制投资成本，严格限制PPP项目应出具的各类履约担保，原则上不得超过国家规定的种类和额度，且采用保函方式，避免现金方式，缩短保函期限。

（21）提前运作PPP项目的运营方案（非公司直管的项目，由运营公司编制）。项目运营可以自行运营、联合运营或委托运营，运营方案中应考虑投资运营阶段的合理收益，并按照风险与收益对等原则，合理确定项目的基本回报机制、超额收益分配原则、收费定价和调价机制、最低需求保障机制、非正常情况下的投资退出机制等。

（22）在前期运作时，应与政府或业主充分沟通，应区分建设期和运营期的不同，分别进行绩效考核，合理设置绩效考核内容、评分标准、考核基数、考核结果运用及相应的奖惩措施等绩效考核方案，降低考核基数、合理降低考核标准、加大奖励力度、减少惩罚条款，努力规避绩效考核机制不合理、不可控、主观性带来的政府付费或政府补贴核减风险，确保合理收益。

（23）为避免或减少审计风险，宜根据地方政府执行审计政策的具体情况，合理运作审计及评审事项。在项目前期，应与地方政府财政评审部门、审计部门进行充分沟通，协调好财政评审与政府审计之间的关系，确保财政评审和政府审计同步进行。应提前做好与政府关于项目审计的沟通工作。提前商定建设期和运营期各项成本费用的审计原则，确保过程跟踪审计，过程跟踪审计结果的累加为最终审计，政府审计时对财政评审部门已评审的内容不再进行重复审计。

（24）根据投资退出触发机制不同，投资退出分为正常退出和非正常退出。正常退出是指合作期满时，投资人按照合同或协议的约定退出投资；非正常退出是指合作期内，因一方违约、不可抗力、情势变更等突发事件触发投资退出机制，导致合同目的不能实现，经合同当事方协商一致或合同任一方单方要求提前退出。在运作项目时，应根据国务院国资委和股份公司有关国有资产和产权的管理规定，依法合规提前设置好投资退出触发机制、投资清算原则。

（25）项目前期与政府方、合作方等已商定的投资边界条件，应以会议纪要等书面形式予以确认，并全面落实到项目实施方案和招投标文件中。

（26）各投资公司每月25日前应将已立项PPP项目运作进展情况报投资发展部。

第五章：可行性研究。

（1）对于前期运作投资边界条件已基本明确的PPP项目，投资公司应及时开展可行性研究分析，编制“可行性研究报告”，通过定性和定量分析，得出投资是否可行的结论性意见。

（2）“可行性研究报告”是投资决策的核心依据，须客观真实、全面准确地反映投资项目全周期、全过程的技术可行性、经济可行性和风险可控性，不得弄虚作假。

（3）“可行性研究报告”中应载明项目前期运作、投融资、建设、运营、投资退出等各阶段的责任人，对项目相应实施阶段和“可行性研究报告”相应章节的全面性、真实性、准确性和可操作性负责。项目“可行性研究报告”各阶段责任人应为投资公司、投资运营公司副总经理及以上职务的领导人员，项目总负责人应为总经理。

（4）在进行PPP项目的可行性研究分析、编制可行性研究报告时，视项目性质和回报机制不同，经营性、准经营性、非经营性PPP项目的可行性研究报告的章节内容及编制要求有所不同，除项目入库、投资范围、标前成本测算及施工利润预测、特许经营权的范围及期限、融资方案、绩效考核、投资退出、审计、财务评价、风险分析等共性内容外，其他差异性内容主要有：①经营性PPP项目，必须提前做好详实的运营收入、成本分析及预测，明确项目的收费定价、调价机制和补偿机制。②准经营性PPP项目还应明确运营收入的保障机制、超额运营收入的分配机制、政府补贴、可行性缺口补助纳入县级以上政府中长期财政规划和人大批准的年度财政预算。③非经营性PPP项目，还应明确政府付费的组成及支付条件、政府付费纳入县级以上政府中长期财政规划和人大批准的年度财政预算。

（5）PPP项目进行经济分析和财务评价时，应根据筹资计划及资金成本、投资计划及施工利润、运营方案及运营收益、投资回收及税费筹划等，全面编制项目建设投资估算表、资金筹措及使用计划表、收入估算表、总成本费用表、借款偿还计划表、利润及分配表（损益表）、全投资现金流量表、自有资金现金流量表、资产负债表、敏感性分析表等表格，真实计算全投资税后财务内部收益率及静态投资回收期、自有资金税后财务内部收益率及静态投资回收期、期望投资报酬率、净现值、静态净收益等主要财务指标。可研报告纸质版附表必须附有现金流量表、收入表、借款偿还计划表，电子版所有附表必须齐全。

（6）根据项目性质和投资回报机制，合理确定经营性、准经营性、非经营性PPP项目财务评价的基础数据和参数，主要包括：建设投资、年度投资比例与金额、计算期、运营成本、还本付息、税费以及项目运营收入、补贴收入、施工利润、运营期的合理利润、政府付费项目的投融资回报、融资成本、期望投资报酬率等数据。

（7）以下附件应作为PPP项目“可行性研究报告”不可或缺的组成部分：①投资发展部审核的联合体合作协议。②财务部审核的项目贷款意向函。③法律合规部出具的法律意见书。④项目入库（省级及以上）的证明材料。⑤预参建单位的施工利润率承诺、标前成本测算及施工利润预测分析，具备测算条件的项目，须附分章节的成本测算对比分析表。根据PPP项目所在区域和专业特点，投资公司要提前考虑预参建施工单位，组织编制标前成本测算和施工利润预测分析。⑥第三方出具的分析评价报告。经营性项目，应由公司委托第三方咨询机构出具项目的运营收入、成本测算等财务分析调查报告；准经营性项目，如涉及政府补贴或补偿平衡投资成本的，也应由公司委托第三方咨询机构对补贴和补偿机制出具分析评价报告。⑦与外部单位作为联合体合作实施PPP项目时，应提供与外部单位已/拟签订的联合体合作协议、由第三方专业机构出具的尽职调查报告的复印件或扫描件（须经公司法律合规部组织评审通过）。涉及第三方提供咨询服务的，由公司投资发展部负责，邀请两家以上咨询机构，履行招标程序，咨询服务费由公司专项列支。

（8）PPP项目的标前成本（包括运营成本）测算及施工利润预测分析，由（预）参建单位按照概（预）算编制章节，逐章逐节据实进行成本分析和利润测算，合理确定项目施工利润，参建单位应对其测算结果的准确性承担责任，公司成本管理部会同运营公司审核其编制原则、编制办法、定额采用、价格水平等。公司将据此确定项目施工利润率、内部招标最高限价，并作为投资决策、经济利益分配、过程评价、项目后评价的主要依据之一。

第六章：评审与决策。

（1）投资公司在向公司申请项目评审前，应先组织自评，自评通过后将项目“（预）可行性研究报告”及相关附件资料报至局投资发展部。由局投资发展部负责组织评审委员会评审，并将评审项目资料于评审前三天分发至评审委员会各成员（具备条件的，可提前分发至各部门）。

（2）投资公司应派负责本项目的分管领导以及投资、财务部门负责人等专业人员参加项目评审会，负责汇报项目情况并回答有关评审问题。评审委员会各成员根据会议评审情况，于会后两天内出具书面评审意见并盖部门章，投资发展部汇总评审意见并形成会议纪要。

（3）未通过评审的项目，投资公司应立即停止项目推进，不得参与该项目投标活动；补充完善后再评审的项目应根据评审所提出的问题进行补充完善，在满足条件后可重新申请评审。

（4）经评审通过的投资项目，投资公司依据评审意见对“（预）可行性研究报告”进一步补充完善后，由投资发展部报送公司总经理办公会议研究审议。

（5）对于公司作为联合体牵头方或者公司主导的投资项目，公司委托运营公司编制“项目投资风险评估报告”作为评审委员会评审的参考依据，同时作为投资公司与投资合作相关方沟通的重点事项。反馈的情况附表。

（6）投资发展部整理“项目议案”、“项目投资风险评估报告”、评审委员会所有成员书面评审意见及有关附件，向公司党委会、总经理办公会提请审议，由投资公司依据会议意见进一步修改完善，形成正式的“可行性研究报告”报公司董事会决策。决策通过后由投资发展部按规定程序提报上级公司评审决策。通过上级公司评审决策的，投资公司可继续开展后续流程，未通过评审的则终止项目推进工作。

第七章：资格预审。

（1）原则上项目必须通过上级公司、公司两级决策，特殊情况下，必须满足立项审批条件。

（2）投资公司参与资格预审前，应对招标文件中的资格预审条件进行评审，并就资格预审文件有关澄清、补疑内容予以确认。

（3）投资公司将自评意见报投资发展部，由投资发展部复核，如符合投资决策范围，投资公司向公司申请办理参与PPP项目资格预审手续。

（4）投资公司参与资格预审，如按照资格预审的要求需要公司提供保证金的投资项目，必须附经公司审批的该项目立项审批表，相关部门提供支持和服务工作。

第八章：投标管理。

（1）PPP项目投标执行公司《基础设施投资项目投标管理办法》，各投资公司（或具有投资开发职能的区域指挥部）在参与PPP项目投标前须向公司填报“投资项目投标审批表”（见附件五修改增加风险评估报告反馈内容）。

（2）投标报价的所有主要条件（包括建安费降幅率、资金回报率、折现率、运营期限、运营养护费等指标）不得突破“可行性研究报告”及上级公司决策批复的范围。

（3）项目通过上级公司批准后，投资公司应进一步加强与地方政府及有关部门或项目业主的沟通联系，确保与政府或业主签订项目合作框架协议等法律约束性文件，锁定投资条件、固化核心条款，积极主动运作项目的资格预审文件和招标文件。上级公司审批未通过的项目，不得发起投标申请。

（4）招标文件（招标答疑、补澄清）公布后，投资公司应先组织自审，将自审意见报投资发展部。

（5）投资发展部应组织评审委员会对招标文件（含合同文本）进行评审，提出评审意见和修改方案。投资公司应根据评审意见（风险评估报告），在投标前与政府方对接落实，并填写“投资项目风险评审落实情况对照表”报投资发展部。

（6）根据招标文件的要求，投资公司应组织有关人员进行现场踏勘，全面了解项目现场及实施准备情况，认真准备招标答疑和标前答辩，对招标文件尤其是合同文本中的有关疑点或变更向招标人申请书面澄清。

（7）投标过程中，投资公司应根据内外部环境，有针对性地制定营销策划，积极主动地加强与有关方面的沟通和协调，提高中标概率，避免外部干扰。

（8）投资公司应组织预参建单位专业人员对资格预审、招标文件进行深入细致的研究，制定投标策略。

第九章：合同管理。

（1）PPP项目合同体系主要包括"投资合同""联合体协议""股东协议""公司章程""特许经营合同""施工总承包合同""融资合同""设计合同""运营服务合同""保险合同""分包合同""采购合同"等，合同未经评审不得签订。其中"投资合同"、"股东协议"、"公司章程"、"特许经营合同"及"运营服务合同"等由投资发展部组织评审委员会进行评审；其他合同由项目公司组织有关单位及部门进行评审。

（2）PPP项目中标后，应由投资公司牵头，组织运营公司、主要参建施工单位以及联合体成员单位有关投融资、法律、财务、技术等专业人员成立合同谈判工作小组，制定谈判策略，与政府方进行合同谈判工作。

（3）与政府谈判后拟签订合同文本，履行合同评审手续，投资公司应根据评审意见对合同修改完善后提交业主单位，进一步商洽，加快有关合同细节的谈判和确认工作。合同经双方协商达成一致后履行合同签订审批手续，投资公司将"投资业务合同签约审批表"及合同谈判成果所形成的"合同条款变化对比表"，报公司分管领导及主要领导审批。

（4）为保证投资安全，PPP项目的投资合同应以“项目纳入省级及以上PPP项目库、政府补贴或政府付费纳入县级以上政府中期财政规划和人大批准的年度财政预算”作为政府方履行的主要义务，未完成时应承担违约责任。

（5）为利于项目融资和银行放款，应在相关合同中明确约定政府应提供融资所需支撑文件。

（6）经合作双方确认后的投资合同，由投资公司填报投资合同签约审批表，并附招标文件与投资合同（拟签约稿）、“合同条款变化对比表”，经公司领导审批同意后，方可正式签订投资合同。

（7）投资合同签订后，投资公司将投资合同及合同谈判过程中形成的书面材料交与运营公司妥善保管，运营公司负责跟踪合同履约情况，对合同履行过程中出现的新情况、新问题，需对原合同条款进行修改或补充的，运营公司应按本章规定的程序提报公司批准后方可正式签订补充协议。

（8）正式投资合同签订时，由投资发展部携带“公司合同专用章审批表（专项合同用）”及正式合同文本到局法律合规部办理合同专用章用印。

（9）PPP项目中标及合同签订后，由投资发展部牵头组织投资公司向公司相关部门、运营公司进行PPP项目营销及合同交底。

第十章：投资经营档案管理。

（1）各单位须做好投资项目的经营档案管理工作，收集和保管投资项目各种会议纪要、决定、项目资料、重大决策文件等，建立健全包括投资经营项目信息、立项、评审、可研、资格预审、投标、合同谈判等在内的各阶段项目资料清单台账。

（2）投资项目档案管理应分类有序，妥善保管，做到有案可查。

（3）投资公司须对PPP项目开发过程中形成的会议纪要、招投标文件、中标通知书、往来函件、协议（合同）等重要文件档案进行组卷，及时移交投资发展部存档备案，并在项目交底的时候同步移交运营公司及公司相关部门。

（4）各单位须做好保密工作，严禁擅自对外提供有关投资项目的数据和信息资料，确有必要的，须经公司分管领导批准后方可提供。

第十一章：投资经营问责。

（1）各单位投资从业人员应严格遵守法律法规及公司有关规定，切实履行投资经营职责，自觉接受监督。

（2）投资经营实行问责制，并与业绩和绩效考核相挂钩。如出现“未经立项批准，擅自开展后续投资经营工作并造成经济损失”等10种情形之一的，视情节轻重和损失大小，追究相关单位及责任人的责任。

（3）发生上述情形时，由投资发展部牵头组织相关部门和单位，开展调查核实和责任认定，遵循实事求是、责权对等、教育与惩戒相结合的原则，按照带来的不同经济和社会后果，提出问责建议方案，报公司相关机构审批后实施。

第十二章：附则。

附则中规定了对于后期涉及PPP项目政策变化影响，以及上级公司、公司对投资项目有新的要求和规定的，将以补充修订办法或书面通知的方式逐步完善。

3.3.2 《SJ公司PPP项目尽职调查管理办法》介绍

《SJ公司PPP项目尽职调查管理办法（草稿）》共分为5章26条，每章内容为：

第一章：总则。

总则首先明确了PPP项目尽职调查管理办法的制定依据，并界定尽职调查是指对PPP项目开展法律、财务、投资等各方面调查、为公司投资决策提供参考和依据的管理行为。尽职调查应从项目信息跟踪阶段开始获取资料，项目立项后正式进行，并随着项目推进情况而不断完善。尽职调查的目标是获取被调查对象相关法律准入和适用、财务状况以及与投资模式相关的基础资料，识别被调查对象存在或潜在的法律、财务和投资风险，并对风险进行分析与提出建议。尽职调查报告应作为投资项目“风险评估报告”的组成部分，是编制项目可行性研究报告的依据和投资评审委员会评议项目的基础资料。

第二章：尽职调查责任主体。

（1）尽职调查由法律合规部集中管理，各投资开发公司（区域指挥部）与投资运营公司负责实施，财务部门、投资发展部进行指导和评价。

（2）各投资开发公司（区域指挥部）系尽职调查工作的主责单位，负责尽职调查的资料收集和报送，并对资料的真实性和准确性负责；投资运营公司是尽职调查工作的业务主办单位，负责在对资料进行加工、核实、分析的基础上完成尽职调查报告；法律合规部对整个尽调工作进行监督、指导和协调。

（3）尽职调查工作可自己单方进行，也可委托第三方专业机构进行。对民营合作方尽职调查应聘请第三方专业机构进行，但对我方出资占比较小、不负责融资、风险较小的与民营合作方合作的项目，在征得上级公司法律合规部同意后，可由公司法律合规部决定自行组织尽职调查。

（4）委托专业机构进行的尽职调查，由投资开发公司（区域指挥部）提出需求，法律合规部按规定的程序选取。委托专业机构进行尽职调查的费用由投资开发公司（区域指挥部）负担，投资开发公司（区域指挥部）在编制预算时应专门编列此项费用。

第三章：尽职调查对象和内容。

SJ公司根据调查对象，将尽职调查分为投资项目尽职调查与合作方尽职调查两部分。

（1）投资项目尽职调查指的是对拟实施投资项目的法律政策环境和投资机构的合法合规性调查，包括对政府方等合作主体的资信情况、项目前置性审批情况、项目交易结构的依法合规性和合理性等方面进行的综合调查工作。对于准经营性项目和经营性项目，尽职调查还应获取拟投资地方产业的特征信息。

（2）合作方尽职调查，是指对合作方主体资格、财务状况和履约能力等方面开展调查，以了解其参与项目运作的资金、技术能力和信用评级情况。

第四章：尽职调查程序和报告撰写。

和第三章一样，这一章也分为投资项目尽职调查与合作方尽职调查两部分。

（1）投资项目尽职调查程序和报告撰写为：①在投资项目专家评审会召开前，投资开发公司（区域指挥部）应以书面报告的方式向公司法律合规部提出尽职调查需求，法律合规部拟定尽职调查意见后指派投资运营公司跟进尽职调查工作，投资开发公司（区域指挥部）应积极与投资运营公司对接并配合做好资料收集工作。②调查结束后，投资运营公司应制作项目尽职调查报告，经法律合规部批准定案后生效，并作为投资项目“风险评估报告”的第一部分内容。③投资项目尽职调查正文部分应当包含尽职调查所依据的基础资料、调查中获得的信息清单、发现的风险问题、进行风险评价或判断的标准以及存在的风险以及相应的解决方案或改进建议等。

（2）合作方尽职调查程序和报告撰写为：①尽职调查前应由投资开发公司（区域指挥部）以书面报告形式向公司法律合规部提出调查需求，由法律合规部指导投资开发公司（区域指挥部）以公开方式选取第三方机构作为尽职调查机构。投资开发公司（区域指挥部）应协助第三方专业机构根据拟合作项目和合作方基本情况拟定尽职调查资料清单，并向合作方提供清单中所列资料。②合作方提供资料后，调查人员应根据被调查合作伙伴资料提供情况及网络查询情况，决定是否进行实地调查与访谈，并提出补充信息收集清单。③尽职调查完成后，应形成书面的“尽职调查报告”。“尽职调查报告”应该包含以下内容：第一，被调查对象的基本信息，包括被调查主体的工商信息，被调查主体的资质及荣誉、知识产权及科研情况、诉讼、仲裁及强制执行或行政处罚、信用惩戒情况等；第二，被调查对象财务状况，包括资产负债情况、近三年现金流量、近三年盈利能力；第三，综合分析，包括从合作项目、合作内容、合作方式、职责分工、权利义务、合作伙伴的优势、与被调查合作伙伴建立合作关系的必要性、与其合作对提升获得项目的可能性方面的帮助等。

第五章：附则。

这一章主要规定了施行日期和解释部门。

3.3.3 《SJ公司PPP项目投标管理办法》介绍

《SJ公司PPP项目投标管理办法》共分为6章18条，每章内容为：

第一章：总则。

总则主要是对投资项目招投标管理工作的概述，其中包括对以PPP、BOT、TOT、BT模式开展的基础设施项目的定义，以及对投资公司适用范围的说明。

第二章：投资项目投标前提。

这一章明确PPP投资项目需由投资公司参照可行性研究报告指引的要求，编写项目“可行性研究报告”。“可行性研究报告”通过公司及上级公司总裁办公会或董事会决策通过后，方可参与项目投标。对于联合体投标的情况，需在投资发展部备案，联合体成员需通过公司财务部与投资发展部评估，并获得分管领导书面认可。

第三章：投资项目投标程序。

第一，规定了投资项目投标工作的主责单位，一般投资项目投标工作原则上由投资公司主责，重大项目投标由公司成立专门的投标工作小组主责。

第二，投资项目招标文件发布后，投标主责单位填写“投资项目投标审批表”，并将投资项目“可行性研究报告”、上级公司总裁办公会或董事会决议、项目招标文件等作为附件，在投标前3个工作日内，通过分管区域的投资公司上报公司总经理审批。

第三，参与通过公司总经理办公会审批而上级公司审批程序尚未启动或审批正在进行但决策部门尚未出具肯定性结论的投资项目投标前，需填报正在决策投资项目投标申请表，报公司总经理审批。

第四，未通过公司总经理审批的投资项目，投标主责单位不得擅自确定投标标的、递交标书参与投标。

第四章：投资项目投标报价。

这一章明确规定了投标报价的所有标的（包括建安费降幅率、资金回报率、折现率、运营期限、运营养护费等指标）不得突破“可行性研究报告”及上级公司决议规定的范围。部分与上级公司决议所述指标不匹配或未在“可行性研究报告”及上级公司决议中出现的特殊标的，在投标前，主责单位应准备书面的补充说明材料作为“投资项目投标审批表”附件。说明材料内容应包括拟投标标的报价范围，并评估此报价对相关决策指标（全投资、自有资金及股权投资内部收益率、投资回收期等）及投资风险的影响。“投资项目投标审批表”获批后，投标主责单位按照批复的标的范围进行投标报价。

第五章：投资项目投标档案管理。

这一章规定投标工作完成后10个工作日内，投标主责单位将全套招投标相关文件（包括招标、投标、开标资料等）报送至投资发展部管理科备案。

第六章：附则。

这一章规定了各单位应严格按照本办法规范地进行投资项目投标。若违反本办法，将对投标主责单位及子分公司负责人予以警告处分，并停止其投资项目投标资格一个月。如认定为投资营销事故，公司将对投标主责单位及子分公司负责人进行严厉处罚。

第4章
基于群决策理论的SJ公司PPP项目投资决策指标体系建立

4.1
投资决策模型指标体系的构建原则及设计思路
4.2
PPP项目投资决策指标体系的初选
4.3
基于专家访谈法的指标体系的第一阶段筛选
4.4
基于问卷调查法的指标体系的第二阶段筛选
4.5
基于MA-OWA算子法的指标体系的第二阶段筛选

4.1 投资决策模型指标体系的构建原则及设计思路

4.1.1 指标体系的构建原则

（1）系统全面性原则

PPP项目的投资规模都很大，是一个集合经济发展、市场变动、政治、环境、技术等因素的系统，若要评价这样的系统就需要使用系统的思想。在PPP项目投资决策中不仅仅需要考虑反映宏观层面的经济政策因素，还需要考虑到微观层面的区域因素，从整体和系统的角度反映被评价对象的特征而不应有疏漏。

（2）理论和科学性原则

科学性是从事学术研究的基础，项目评价指标体系的理论基础要充分，符合理论性的要求，这样才能够反映投资决策模型的内涵，使得模型不偏不倚。同时，模型中指标体系的结构层次以及指标的筛选都要有科学和理论的依据，这样才能够获得客观且真实的信息。

（3）核心指标引领性原则

从理论上看，作为公共部门和社会资本方所共同接受的核心经济指标，内部收益率（IRR）反映了项目的经济表现和投资潜力，尽管作为预测的指标不能完全反映PPP项目预期未来收益情况，但却是社会资本方投资PPP项目的核心参考指标。在PPP项目决策的定量化分析中，几乎所有文献都将内部收益率和净现值（NPV）作为参照点分析风险因素对这两个经济指标波动程度的影响。在实践中，中国中铁、中交建、中电建等一些大型建筑企业也都将该指标作为重要决策依据。由此可见，内部收益率便是风险识别流程以及评价体系的中心点。

（4）风险管控目标导向性原则

投资决策主要受到风险与收益之间动态关系的影响，PPP模式作为具备公益性质的一种合作手段，盈利必然不会是唯一的核心目的，从政府的角度而言，为了保障公众利益和项目的公益性，社会资本方难以从项目中获取超额收益。因而，风险因素将在很大程度上影响投资主体参与PPP项目投资决策行为，即便如此，作为资金实力较强的大型国有建筑类企业，也会尽全力规避项目所带来的风险。通过识别风险程序来识别部分影响PPP项目投资决策的因素便成了必然。

4.1.2　指标体系的设计思路

构建一个科学合理的指标体系是进行PPP项目投资决策的基础程序和关键环节。在参考了国内外有关文献的基础上，结合实际情况，指标体系的设计思路如下：

（1）归纳投资决策的核心指标和风险因素

根据对上述文献中相关理论和投资决策过程中涉及的核心指标以及风险因素的总结，从系统全面性的角度出发，归纳出的指标体系涵盖政治、法律、经济、市场和技术等方面。

（2）初步建立指标体系

在文献研发法的基础上，遵循全面系统、科学合理、定量与定性相结合、实践和理论相结合的思想，在文献阅读、企业内部资料查询和专家初步访谈的基础上对一级指标体系和二级指标体系进行反复权衡与设计，对指标描述尽量简洁清晰，不致产生误解，并形成初步的指标体系。

（3）进一步筛选和优化指标体系

对通过上述步骤建立起来的指标体系，采用两阶段筛选方式。第一阶段通过专家咨询访谈的判断方法做指标的筛选和优化，由于存在时间限制以及专家可能存在意见不统一的情况，本书对指标体系进行了第二阶段的筛选，采用MA-OWA算子通过问卷调查法收集数据并形成决策模型的指标体系。

4.2 PPP项目投资决策指标体系的初选

根据罗列的国内外文献对于社会资本参与PPP项目投资决策影响因素的归纳总结以及对关键风险因素的整理，并参考建筑企业相关的内部资料构建指标体系。本书参考国内外文献对PPP项目风险因素的研究成果，将PPP项目投资决策影响因素分为经济环境因素、市场环境因素、政治及政策环境因素、PPP项目的基本特征因素、PPP项目的其他特征因素以及企业自身能力因素6个方面，建立PPP项目投资决策模型的评价体系。该体系包括经济环境在内的6个准则层以及有待筛选完善的指标层。本书将从风险的视角出发，结合已有的国内外文献对影响社会资本参与PPP项目的关键因素的研究以及通过到SJ公司实地调研及专家访谈所获取的信息，从以下几个方面归纳和整理：

4.2.1　经济环境指标的初选

经济环境是影响PPP项目发展潜力的重要因素，也是投资决策的一个重要考量因子。宏观经济波动和相关产业发展的不稳定性往往会降低PPP项目成功的概率，优选宏观经济环境稳定、产业发展健康的地区会对PPP项目的实施产生积极的影响。区域的国民生产总值反映了该地区的经济规模和发展水平，投资者可据此判断该地区可实施投资项目的规模及保障能力；相关产业发展状况反映了该地区产业经济的健康性、合理性，投资者可据此判断投资项目的实施前景和预期；财政收支情况反映了该地区的经济发展成果和财力结构，投资者可据此判断地方财政承受能力和投资回收风险；区域的债务规模和结构反映了该地区未来资金偿付压力，投资者可据此进一步判断投资回收风险和违约可能性；区域的城市化进程、消费水平、人口规模决定了公用产品的使用基数，投资者可据此判断使用者付费来源和价格指标。

通过对文献的分析归纳，整理出PPP项目投资决策中应该考虑的经济环境指标，见表4-1。

表4-1　　PPP项目投资决策中应该考虑的经济环境指标

准则层	指标层
经济环境	宏观经济指标波动
	项目所在地基本经济规模
	项目所在地经济增长速度
	项目所在地城市化程度
	项目所在地经济结构的稳定性
	项目所在地人均收入水平

4.2.2 市场环境指标的初选

PPP项目收益的保障是维持项目持续运营的关键所在。例如，高速公路以及收费桥梁项目的收益在很大程度上取决于未来通行的车流量，车流量一方面与人们的生活习惯和出行方式有关，另一方面取决于项目所覆盖地区的人口规模；另外，竞争性项目的存在也同样会对项目收益造成不同程度的负面影响，除了应当考虑是否存在竞争性的存量项目，还应当考虑政府是否对在一定期限内不建立竞争性项目做出相应承诺。因此，地区人口的差异很可能就决定了项目未来的使用量，投资项目覆盖面广，受众群体规模大，项目的性质导致项目未来的使用量相对稳定甚至是得到提高，这些都是社会资本方所乐于得见的。从项目的全生命周期来看，一个项目的整体收益率不仅仅取决于后期的运营情况，考虑到PPP模式建设运营一体化的特征，项目在建设期的成本控制也同样影响到项目的整体收益。因此，还需要考虑到项目的人、材、机的成本及波动是否会对项目收益造成较大的影响。

通过对文献的分析归纳，整理出PPP项目投资决策中应该考虑的市场环境指标，见表4-2。

表4-2 PPP项目投资决策中应该考虑的市场环境指标

准则层	指标层
市场环境	项目所需相关资源的市场价格及未来波动情况
	项目所在地人口规模
	项目所在地人口流动情况
	项目所在地市场自由度
	项目未来市场需求及波动情况

4.2.3 政治及政策环境指标的初选

从合同关系来看，政府是PPP项目的参与方，是社会资本的合作方，同时又是PPP项目投资收益来源的保障方。作为风险因素的一个最广泛的来源，法律变更、审批延误、政治反对、政策决策冗长以及政府失信是导致PPP项目失败的关键风险因素。从2018年开始，大量新政策的集中发布，一方面既是大势所趋，是规范化运营的必要先决条件，保证了市场的健康运行，另一方面也在一定程度上增加了社会资本的运作难度。例如，禁止“以债务性资金充当资本金或由第三方代持社会资本方股份”，导致社会资本方投资PPP项目需要承担大额出资，无法引入金融资本，严重限制了社会资本的投资规模。政策的完善既规范了市场，使得社会资本在参与PPP项目中获得了更多的保障，同时各种政策也提高了对社会资本的要求，抬高了PPP模式的准入门槛，导致了PPP项目的建设和运营难度的增加，降低了社会资本参与PPP模式的积极性。规范化运行也同样对地方政府提出了高要求，PPP项目合规运营才能够保障项目在后续运营中不会被清退、整改，因此，项目的合法合规性成了项目投资评价的关键因素。

准经营和非经营性项目都需要政府担负支付义务，而政府信用缺位，负债结构恶化都会威胁到项目的收益。合规审批延误、政府决策冗长，以及政府对于PPP项目的经验不足都会威胁到项目的健康落地和后续执行，种种失败的案例也表明，这些风险因素对于项目可能是致命的。因此，在投资PPP项目之前考虑政府的行政效率和信用等情况是很有必要的。PPP项目是否入库及入库级别，与项目操作程序的合规性和项目投资回收的保障性密切相关，因为PPP项目实施过程中地方政府信用的缺失，导致社会资本方和金融机构的投资需要借助财政部PPP项目管理库的信用加持，将项目纳入财政部PPP项目管理库，争取成为财政部PPP示范项目，还能够不同程度地获得国家的财政补贴和奖励，落实这些先决条件能保障PPP项目更容易获得银行等金融机构的资金支持和更低的贷款利率。

通过对文献的分析归纳，整理出PPP项目投资决策中应该考虑的政治及政策环境指标，见表4-3。

表4-3　PPP项目投资决策中应该考虑的政治及政策环境指标

准则层	指标层
政治及政策环境	PPP模式相关政策变动程度
	项目所在地政府诚信度
	项目所在地政府办事办公效率
	项目所在地政府相关PPP经验
	项目所在地政府债务规模和结构
	地方政府出台的有关PPP模式的激励措施和优惠政策
	项目的公众支持度
	拟建项目所在地领导更迭情况
	项目所在地政府是否提供了可靠的担保

4.2.4　PPP项目经济特征指标的初选

PPP项目经济特征指标包含了PPP项目基本特征和PPP项目其他特征两个维度。其中基本特征主要是指PPP项目实施的核心条款，其他特征主要是指一些次要的条款及个性特征。

对风险控制的最终目的还是要保障收益，项目的经济特征对于项目的重要性不言而喻，PPP项目的经济特征指标的核心是项目的投资收益率，这个指标是PPP项目收益的集合性指标；PPP项目投资回收期则会影响到项目的资金状况进而影响到社会资本方的整体财务情况。政府对竞争性项目做出的书面承诺可以缓解企业对项目唯一性的后顾之忧，在落地的PPP项目中也存在诸如杭州湾跨海大桥项目以及鑫远闽江四桥项目等因为出现竞争性项目而使得整体收益遭到剧烈冲击的负面案例。因此，地方政府对竞争性项目的限制也是个重要因素，一般会在工程可行性研究报告等文件中予以说明。PPP项目的实施规模、合作年限、收益率指标、绩效考核机制、回报方式等边界条件，都会影响PPP项目的收益和风险，以及项目能否顺利融资，是否具备可行性等决策判断。

根据前文对影响因素的总结，考虑到公司战略的影响是具有实际意义的。不论是在未曾涉足的领域和地域探索，还是基于已有的经验及合作基础继续发展新的项目，公司的战略导向都会影响PPP项目最终的投资决策。而PPP模式周期长、规模大导致风险程度高就要求风险需要有合理且清晰的分担程序，并能够得到落实，因此，合理且明确的风险分担程序以及明确的退出机制能够在一定程度上降低社会资本在投资中的风险。同时，我国大部分大型国有建筑企业都存在着地区战略，即在某些地区或者行业的存量工程、后续的工程及项目往往会对前期制定的战略具有延伸性和拓展性作用，会基于原有项目已经累积的资源与经验继续项目的进行，不但符合公司的整体战略，还能够节约成本，降低相应的门槛。

而识别基于项目建设运营层面不可抗力的风险因素则也需要考虑项目气候、地质条件以及其他不可抗力自然灾害的潜在影响。

通过对文献的分析归纳，整理出PPP项目投资决策中应该考虑的PPP项目基本特征和其他特征指标，见表4-4。

表4-4　PPP项目投资决策中应该考虑的PPP项目特征指标

准则层	指标层
PPP项目基本特征	项目是否入库
	项目入库级别
	项目投资规模
	项目投资收益率
	项目投资回收期
	融资可行性
	项目所在地政府对竞争限制的承诺

续表

准则层	指标层
PPP项目其他特征	项目是否符合公司战略
	项目是否有明确且合理的风险分担程序
	项目是否容易受到气候和不可抗力等自然灾害的影响
	项目招标文件的完整性、清晰性
	项目的评标方法是否合理
	项目的合法合规性
	项目是否有明确的退出机制

4.2.5 企业的自身能力指标的初选

STEEP理论和PPP项目的风险研究都揭示了企业自身能力对PPP项目成功的影响。具体来讲，企业的融资能力、技术水平、人员及项目的管理能力都是重要影响因素，第2章的PPP项目风险研究也反映了这些要素缺失可能为项目带来怎样的后果。在我国的PPP模式发展过程中，国有大型建筑类企业是目前参与PPP项目的主力军之一，大部分大型国有建筑类企业的组织结构都很相似，且具备资金比重大、项目类型涉及较广等特征。同时，产业聚集水平较低、项目利润率低下也是建筑类企业的现状所在。Hatush（1997）建立了衡量建筑企业竞争力的包括资产、技术、管理能力和质量安全以及声誉在内的五个种类因素模型。从PPP模式来看，企业投标PPP项目是一种双向选择，企业自身能力不但决定了项目成功的可能性，也决定了其是否能够在竞标过程中胜出。企业如果选择投标超出自身能力范围的项目，不但会影响其中标的可能性，而且一旦中标，后期的建设和运营也会给企业带来难以想象的挑战和负面影响。因此，建筑企业根据自身能力谨慎选择项目也符合决策的科学性。

PPP模式下相关企业在融资上依然十分依赖银行等传统金融机构。PPP模式虽然存在较多主体，但事实上还是由企业承担了绝大部分融资压力，大部分企业虽然在日常投资经营过程中存在着融资要求，但传统融资渠道一般都能够满足其一般性的融资需求。PPP模式的规模较传统项目更大，相关企业如果依然对单一融资渠道产生了十分显著的依赖，就会失去探索其他融资渠道的积极性。同时，传统单一的融资渠道通常无法满足相关企业在PPP项目建设运营上的资金需求，在企业正常的融资需求无法得到较好满足的情况下，PPP项目融资有效性的降低便会削弱企业参与PPP项目的积极性。

存量项目带给企业的经验和借鉴也不容小觑，通过总结存量项目建设运营过程的经验，能够为后续项目的前期决策工作起到良好的指导借鉴作用。前期的决策对风险的识别不论多么详尽也无法覆盖全部的风险因素，而随着已投资项目的推进，更多的风险因素会在实践中暴露出来，这对于决策战略规划和模型的完善作用会更加直接。企业如果拥有较为丰富的相关经验，则在决策中必将拥有更大的优势。

PPP项目的投资选择与普通的单向投资例如对金融产品的投资或其他资产的购买不同，其更趋向于一种双边匹配的过程，社会资本方在选择PPP项目的同时，PPP项目也同样对社会资本方的综合能力提出要求，而只有社会资本方有足够的能力诸如资金实力、建设运营能力、人才设备能力和技术能力等，满足项目需求时才能够成功地中标以及完成项目的整个过程。因此，本书根据相关文献、招标文件模板和对企业内部资料的整理收集提出影响PPP投资决策的企业自身能力指标，见表4-5。

将上述指标进行汇总，形成PPP投资决策初选的指标体系，见表4-6。

表4-5　　PPP项目投资决策中应该考虑的企业自身能力指标

准则层	指标层
企业的自身能力	投标报价能力
	企业的技术水平满足项目的技术要求的程度
	公司对项目的管理能力
	核心技术及管理人员
	建设所需的主要的机械设备能力及资源的获取能力
	拥有类似PPP项目的相关经验
	企业资金与经济实力

表4-6　　PPP项目投资决策指标体系（初选）

准则层	指标层
经济环境	宏观经济指标波动
	项目所在地基本经济规模
	项目所在地经济增长速度
	项目所在地城市化程度
	项目所在地经济结构的稳定性
	项目所在地人均收入水平
市场环境	项目所需相关资源的市场价格及未来波动情况
	项目所在地人口规模
	项目所在地人口流动情况
	项目所在地市场自由度
	项目未来市场需求及波动情况

续表

准则层	指标层
政治及政策环境	PPP模式相关政策变动程度
	项目所在地政府诚信度
	项目所在地政府办事办公效率
	项目所在地政府相关PPP经验
	项目所在地政府债务规模和结构
	地方政府出台的有关PPP模式的激励措施和优惠政策
	项目的公众支持度
	拟建项目所在地领导更迭情况
	项目所在地政府是否提供了可靠的担保
PPP项目基本特征	项目是否入库
	项目入库级别
	项目投资规模
	项目投资收益率
	项目投资回收期
	融资可行性
	项目所在地政府对竞争限制的承诺
PPP项目其他特征	项目是否符合公司战略
	项目是否有明确且合理的风险分担程序
	项目是否容易受到气候和不可抗力等自然灾害的影响
	项目招标文件的完整性、清晰性
	项目的评标方法是否合理
	项目的合法合规性
	项目是否有明确的退出机制

续表

准则层	指标层
企业的自身能力	投标报价能力
	企业的技术水平能满足项目的技术要求
	公司对项目的管理能力
	核心技术及管理人员
	建设所需的主要的机械设备能力及资源的获取能力
	拥有类似PPP项目的相关经验
	企业资金与经济实力

表4-6是根据文献初选的指标体系，但不一定符合SJ公司的实际情况。我们采用专家访谈和问卷调查的方式对指标进行筛选。

4.3 基于专家访谈法的指标体系的第一阶段筛选

4.3.1 专家的选择

为了保证指标的实践指导性，2018年5—6月，我们在SJ公司选择5位经验丰富的PPP项目专家进行了半结构式访谈，对表4-6的初选指标进行第一阶段的筛选。每位接受访谈的专家均具备以下特征：①至少具备5年以上PPP项目参与经验，并参与过多个PPP项目投资决策的讨论环节；②均为SJ公司集团有限公司的财务部、投资发展部等部门负责人。专家情况见表4-7。

为了保证每位专家能够表达真实的意见，我们承诺采用匿名形式记录和发布访谈信息。

表4-7　专家基本情况

序号	公司类型	部门	职称	参与PPP项目的次数
专家1	集团公司	投资发展部	教授级高级经济师	9
专家2	集团公司	财务部	教授级高级会计师	9
专家3	投资公司	工程部	高级工程师	8
专家4	投资公司	财务部	高级会计师	7
专家5	项目公司	财务部	高级会计师	6

4.3.2　专家对指标体系的意见

从5位专家的访谈结果来看，大家对准则层的六个维度都表示认可，但对具体的指标表达了不同的意见。

（1）专家1意见

访谈专家1的时间约为36分钟，专家1的修改建议归纳如下：

第一，将“融资可行性”指标改为“项目是否有可行的投融资方案”更为恰当，因为从资管新规出台以来，已经不再使用“融资”一词对项目的资金筹措行为进行表述，而是使用“投融资”作为表达方式。

第二，“拟建项目所在地领导更迭情况”这个指标不合适。其一，这个指标难以测量。其二，PPP运营周期长，遭遇地方政府领导更迭在所难免。

第三，“项目所在地政府是否提供了可靠的担保”这个指标不合适，因为资管新规的出台禁止政府为PPP项目做担保或者任何实质性担保。

第四，“公司对项目的管理能力”这个指标较为宽泛，可判断性不强，应当对指标予以解释。

第五，“项目的评标方法是否合理”指标应当去除，因为现有PPP评标工作较为规范合理，也很公开透明，很少存在评标方法不合理的情况。同样地，“项目招标文件的完整性、清晰性”指标应当去除。

（2）专家2意见

访谈专家2的时间约为38分钟，专家2的修改建议归纳如下：

第一，“项目所在地政府是否提供了可靠的担保”指标应当去除，因为资管新规出台禁止政府为PPP项目做担保或者任何实质性担保。另外，“拟建项目所在地领导更迭情况”也应该去除，PPP项目周期很长，项目所在地领导更迭情况在所难免。

第二，“项目投资回收期”这个指标可以不要，一是指标太多会导致抓不到重点，二是已经有反映项目收益的“项目投资收益率”指标。

第三，“项目的合法合规性”作为门槛指标，不应该放在一级指标“PPP项目其他特征”中，而应该移到一级指标“PPP项目基本特征”中。

第四，应当在企业自身能力一级指标下增加“项目的运营维护能力”，因为PPP项目不仅仅是施工，还包括运营维护。

第五，“项目的评标方法是否合理”和“项目招标文件的完整性、清晰性”指标建议去除。因为现有PPP项目的招标文件和评标工作较为规范合理，也很公开透明，很少存在这方面的问题。

（3）专家3意见

访谈专家3的时间约为35分钟，专家3的修改建议归纳如下：

第一，将“项目所在地政府债务规模和结构”指标从“政治及政策环境”一级指标挪到“经济环境”一级指标中，因为这一指标主要会影响到PPP项目后期政府支付情况。

第二，“项目的评标方法是否合理”和“项目招标文件的完整性、清晰性”指标建议去除。因为政府这方面的工作较为规范合理，也很公开透明，基本不存在这方面的问题。

第三，“拟建项目所在地领导更迭情况”和“项目所在地政府是否提供了可靠的担保”这两个指标不合适，建议删除。其一，PPP项目运营周期长，遭遇地方政府领导更迭在所难免。其二，资管新规的出台禁止政府为PPP项目做担保或者任何实质性担保。

第四，建议在“企业自身能力”一级指标下增加“项目的运营维护能力”，因为PPP项目不仅仅是施工，还包括运营维护。

（4）专家4意见

访谈专家4的时间约为32分钟，专家4的修改建议归纳如下：

第一，“项目所在地市场自由度”指标界定要清晰。

第二，“项目的评标方法是否合理”指标应当去除，因为现有PPP评标工作较为规范合理，招标文件基本上也是按照相应的模板制作的，因此较少存在相应的问题。“项目招标文件的完整性、清晰性”指标也建议删除，理由也是一样。

第三，“拟建项目所在地领导更迭情况”建议删除，项目所在地领导更迭难以预测并且不可避免。“项目所在地政府是否提供了可靠的担保”也建议删除，资管新规的出台禁止政府为PPP项目做担保或者任何实质性担保。

第四，“项目投资回收期”这个指标可以删除，因为已经有反映项目收益的“项目投资收益率”指标，同类型的指标不需要太多。

（5）专家5意见

访谈专家5的时间约为33分钟，专家5的修改建议归纳如下：

第一，“政府是否提供了可靠的担保”应当去除，因为从资管新规出台以来中央对地方政府各种间接或隐性的为PPP项目进行担保，从而为企业融资等行为进行了明令禁止或严格限制，因此该指标的时效性不强，如果用在2017年之前的PPP项目则具有参考价值。“拟建项目所在地领导更迭情况”建议删除，项目所在地领导更迭现象难以预测，而且在PPP项目建设运营期间，所在地领导的更替不可避免。

第二，“投标报价能力”指标在一定程度上相对涵盖了企业自身能力的其他指标，建议进行后续阶段的检验，以决定是否需要保留。

第三，将“融资可行性”指标改为“项目是否有可行的投融资方案”更为恰当，一是更为具体，二是从资管新规出台以来，已经不再使用“融资”一词对项目的资金筹措行为进行表述，而是使用“投融资”作为表达方式。

第四，“项目的评标方法是否合理”和“项目招标文件的完整性、清晰性”两个指标建议删除，现有的政府招标流程比较清晰规范，权责划分较为清楚，中央规范化和高质量发展PPP的要求也使得地方政府更加重视规范化运作。

根据专家对指标的访谈结果，本书筛选和优化了PPP项目投资评价指标体系，对指标的评价依据一方面从相关文献中获取依据，另一方面通过专家咨询得到结论，形成了第一阶段的指标（见表4-8）。

表4-8 第一阶段指标筛选

准则层	指标层	修改建议	专家
经济环境	宏观经济指标波动		
	项目所在地基本经济规模		
	项目所在地经济增长速度		
	项目所在地城市化程度		
	项目所在地经济结构的稳定性		
	项目所在地人均收入水平		
	项目所在地政府债务规模和结构	从“政府与政策环境”中移入	专家3
市场环境	项目所需相关资源的市场价格及未来波动情况		
	项目所在地人口规模		
	项目所在地人口流动情况		
	项目所在地市场自由度	界定要清晰	专家4
	项目未来市场需求及波动情况		

续表

准则层	指标层	修改建议	专家
政治及政策环境	PPP模式相关政策及变动程度		
	项目所在地政府诚信度		
	项目所在地政府办事办公效率		
	项目所在地政府相关PPP经验		
	项目有关的激励措施和优惠政策		
	项目的公众支持度		
	拟建项目所在地领导更迭情况	删除	所有专家
	项目所在地政府是否提供了可靠的担保	删除	所有专家
PPP项目基本特征	项目是否入库		
	项目入库级别		
	项目投资规模		
	项目的合法合规性	从“PPP项目其他特征”中移入	专家2
	项目投资收益率		
	项目投资回收期	删除	专家2、专家4
	融资可行性	改为“项目是否有可行的投融资方案”	专家1、专家5
	项目所在地政府对竞争限制的承诺		

续表

准则层	指标层	修改建议	专家
PPP项目其他特征	项目是否符合公司战略		
	项目是否有明确且合理的风险分担程序		
	项目是否容易受到气候和不可抗力等自然灾害的影响		
	项目招标文件的完整性、清晰性	删除	全部专家
	项目的评标方法是否合理	删除	全部专家
	项目是否有明确的退出机制		
企业的自身能力	项目运营维护能力	增加	专家2、专家3
	投标报价能力	需要后续检验	专家5
	企业的技术水平满足项目的技术要求的程度		
	公司对项目的管理能力	要界定清楚	专家1
	核心技术及管理人员		
	建设所需的主要的机械设备能力及资源的获取能力		
	拥有类似PPP项目的相关经验		
	企业资金与经济实力		

表4-8显示，在初选指标的基础上，根据专家意见，删除、增加了一些指标，还有一些指标的所属准则层发生了变化。具体来看：

第一，删除了“拟建项目所在地领导更迭情况”“项目所在地政府是否提供了可靠的担保”“项目投资回收期”“项目招标文件的完整性和清晰性”“项目的评标方法是否合理”5个指标。

第二，增加了“项目运营维护能力”这个指标。

第三，将“项目所在地政府债务规模和结构”这个因素从“政府与政策环境”中移入“经济环境”，将“项目的合法合规性”这个因素从“PPP项目其他特征”中移入“PPP项目基本特征”。

第四，将“融资可行性”指标改为“项目是否有可行的投融资方案”。

4.4　基于问卷调查法的指标体系的第二阶段筛选

4.4.1　问卷调查表的设计、回收和基本情况分析

（1）问卷调查表的设计

在专家访谈的基础上，我们采用问卷调查表的方式对指标体系进行第二阶段筛选。问卷所得数据是本书研究的重要基础和现实依据。问卷调查表分为5大部分。

第一部分为问卷填报者的基本信息，包括所在公司类型、所在部门、参与PPP项目的次数、参与PPP项目投资工作的年限、职称、参与PPP项目的领域、参与PPP项目的回报机制。本部分的设计目的是了解问卷填报者对PPP投资的理解程度和问卷调查结果的代表性。

第二部分为问卷填报者对PPP项目投资决策程序的评价，包括7个选项：①决策前，决策者对于PPP项目各方面信息都有充分的了解；②决策前，决策者已经收集与问题相关的文件与资料，充分并且齐全；③决策是由相关成员经过多次正式讨论所制定的；④决策是由决策者个

人或者少数持相同意见的决策者所制定的；⑤对于投标项目，通常由少数决策者主观判断所决定；⑥对于PPP项目投标通常是依照客观的标准（风险、获利、损失等）进行评估；⑦PPP项目的投标决策存在由多部门共同参与的群体评审环节。

第三部分为已落地PPP项目对新PPP项目投资决策的影响，共有3个选项：①从已落地项目中所获取的经验对于新项目初期筛选阶段的帮助；②从已落地项目中所获取的经验对于新项目的投标阶段的决策帮助；③从已落地项目中所获取的经验对于与政府就项目所进行的后续谈判帮助。

第四部分为PPP项目投资决策的影响因素，按照表4-8的内容分为6大块，这是问卷的主体部分。在衡量各影响因素的重要程度时，我们采用李克特5级量表，将评价等级分为非常重要、重要、一般、不太重要、可以忽略五个等级，依靠专家在PPP实际投资决策过程中积累的实践经验进行选择。

（2）问卷调查表的发放和回收

问卷调查表向SJ公司及其下属的投资公司、项目公司、子分公司等发放，发放对象为财务部、投资发展部、法律合规部及运营公司等涉及PPP项目投资决策及运营管理的部门中具有PPP项目经验的中高级管理人员。要求被访者在无干扰的情况下根据个人真实感受和实际情况独立填写。

我们一共发放问卷69份，实际回收问卷65份，无效问卷4份。主要原因包括样本不合格（如非管理者）等和填写不合格（如判断有误、选择和评分不一致、背景信息严重缺失）等。最后的有效问卷共61份。

（3）问卷填报者的基本情况分析

问卷填报者的基本情况见表4-9。数据显示，问卷填报者分布于每个选项，每个选项之间的分布又与SJ公司的实际情况相符，说明调查结果是具有代表性的。

表4-9 问卷填报者的基本情况

项目		频率	百分比（%）	项目		频率	百分比（%）
公司类型	集团公司	12	19.67	参与PPP项目投资的年限	2年及以下	10	16.39
	投资公司	10	6.56		3~5年	36	59.02
	项目公司	19	31.15		5年及以上	15	24.59
	子分公司	20	42.62		合计	61	100
	合计	61	100	职称	初级	10	16.39
部门	财务部	21	34.43		中级	33	54.1
	法律合规部	3	4.92		高级	18	29.51
	投资发展部	17	27.87		合计	61	100
	风控部	3	4.92	参与的PPP项目投资领域	市政工程	30	49.18
	工程部	2	3.28		交通运输	10	16.39
	市场营销部	8	13.11		生态建设与环境保护	8	13.11
	运营部	4	6.56		城镇综合开发	4	6.56
	战略规划部	3	4.92		政府基础设施	3	4.92
	合计	61	100		养老	2	3.28
参与的PPP项目次数	2次以下	24	39.34		保障性安居工程	4	6.56
	3～5次	21	34.43		合计	61	100
	5～8次	8	13.11	参与的PPP项目投资的回报机制	政府付费	22	36.07
	8~10次	4	6.56		可行性缺口补助	26	42.62
	10次以上	4	6.56		使用者付费	13	21.31
	合计	61	100		合计	61	100

（4）问卷填报者对PPP项目投资决策程序的了解程度

考虑到问卷填报者因为自身因素可能对问卷内容存在理解上的偏差，数据无法真实反映研究内容，因此首先要分析问卷调查数据的可靠性和有效性，然后再做下一步的分析。

①问卷调查资料的信度检验

信度检验指的是以相同方式在同一对象上重复测量而获得的结果的一致性程度。信度指标主要由相关系数表示，相关系数可大致分为三类：稳定性系数（跨时间一致性）、等价系数（交叉形式一致性）和内在一致性系数（跨项目一致性）。检验有四种方法：重测信度、复本信度、折半信度和α信度系数法。最常用的是α信度系数法，即使用Cronbach's α系数对问卷可靠性分析。系数在0和1之间，系数越大问题之间的相关性越高，问卷的可靠性越高。一般认为系数在0.7以上，问卷的可靠性被认为是高的，并且量表的设计是理想的。

表4-10为问卷调查结果的可靠性统计量，数据显示，Cronbach's α系数为0.716，表明结果是可信的。

表4-10 可靠性统计量

Cronbach's α	项数
0.716	7

②问卷调查资料的效度检验

效度（validity）即有效性，是衡量综合评价体系是否能够准确反映评价目的和要求的指标，是指测量工具能够测出其所要测量的特征的正确性程度。效度越高，即表示测量结果越能显示其所要测量的特征，反之，则效度越低。

表4-11为效度检验统计量。数据显示：第一，Kaiser-Meyer-Olkin统计量为0.723，通过了Bartlett球形度检验；第二，7个选项分成了两个公共因子，每个因子的特征值都大于1，累计方差贡献率为74.89。从

这两个指标可以看出，问卷调查结果通过了效度检验。

表4-11　效度检验统计量

题项	1	2	特征值	方差贡献率
3.决策是由相关成员经过多次正式讨论所制定的	0.907	-0.147	3.841	54.875
2.决策前，决策者已经收集了与问题相关的文件与资料，充分并且齐全	0.877	-0.118		
6.对于PPP项目投标通常是依照客观的标准（风险、获利、损失等）进行评估的	0.862	-0.14		
1.决策前，决策者对于PPP项目各方面信息都有充分的了解	0.821	0.076		
7.PPP项目的投标决策存在由多部门共同参与的群体评审环节	0.809	-0.148		
5.对于投标项目，通常由少数决策者主观判断所决定	0.005	0.887	1.401	20.019
4.决策是由决策者个人或者少数持相同意见的决策者所制定的	-0.192	0.82		
取样足够度的Kaiser-Meyer-Olkin度量		0.723		
Bartlett球形度检验	近似卡方	233.793		
	df	21		
	Sig.	0.000		

③问卷结果的描述性分析

表4-12为参与决策的人员在进行PPP项目投资决策前对信息的了

解程度。数据显示，正向的选项，如选项1、2、3、6、7，其均值、中位数和众数都在4.5以上，离散程度也较小；而负向的选项，如选项4、5，其均值、中位数和众数都在1.5左右，离散程度较大。这些数据说明，问卷填报者对PPP项目的决策程序都非常了解。

表4-12 参与决策的人员在进行PPP项目投资决策前对信息的了解程度

题项	均值	中位数	众数	标准差	极小值	极大值
1.决策前，决策者对于PPP项目各方面信息都有充分的了解	4.69	5	5	0.503	3	5
2.决策前，决策者已经收集了与问题相关的文件与资料，充分并且齐全	4.64	5	5	0.485	4	5
3.决策是由相关成员经过多次正式讨论所制定的	4.52	5	5	0.528	3	5
4.决策是由决策者个人或者少数持相同意见的决策者所制定的	1.67	2	2	0.604	1	3
5.对于投标项目，通常由少数决策者主观判断所决定	1.38	1	1	0.589	1	3
6.对于PPP项目投标，通常是依照客观的标准（风险、获利、损失等）进行评估	4.64	5	5	0.552	3	5
7.PPP项目的投标决策存在由多部门共同参与的群体评审环节	4.59	5	5	0.593	3	5

（5）已落地PPP项目对PPP项目投资决策的影响

①问卷调查资料的信度检验

表4-13为问卷调查结果的可靠性统计量，数据显示，Cronbach's α系数为0.832，表明结果是可信的。

表4-13 信度分析

Cronbach's α	项数
0.832	3

②问卷调查资料的效度检验

表4-14为效度检验统计量。数据显示：第一，Kaiser-Meyer-Olkin统计量为0.715，通过了Bartlett球形度检验；第二，3个选项分成了1个公共因子，特征值大于1，方差贡献率为77.157。从这两个指标可以看出，问卷调查结果通过了效度检验。

表4-14 效度检验统计量

题项	1	特征值	方差贡献率
3.从已落地项目中所获取的经验对于与政府就项目所进行的后续谈判的帮助	0.899	2.315	77.157
1.从已落地项目中所获取的经验对于新项目初期筛选阶段的帮助	0.895		
2.从已落地项目中所获取的经验对于新项目的投标阶段的决策帮助	0.84		
取样足够度的Kaiser-Meyer-Olkin度量		0.715	
Bartlett球形度检验	近似卡方	75.126	
	df	3	
	Sig.	0.000	

③已落地PPP项目对新PPP投资决策影响程度的描述性分析

表4-15为已落地PPP项目对新PPP投资决策影响程度的描述性统计。数据显示，已落地项目中所获取的经验对于新项目的决策而言，投标阶段最为重要，其次是项目初选阶段，再次是和政府部门的谈判阶段。但三个选项的得分都在3.9以上，所以在对新的PPP项目进行投资

决策时，已落地PPP项目的经验还是非常值得借鉴的。

表4-15　　已落地PPP项目对新PPP投资决策影响程度

题项	均值	中位数	众数	标准差	极小值	极大值
1.从已落地项目中所获取的经验对于新项目初期筛选阶段的帮助	4.19	4	4	0.826	2	5
2.从已落地项目中所获取的经验对于新项目投标阶段的决策帮助	4.28	4	4	0.555	3	5
3.从已落地项目中所获取的经验对于与政府就项目所进行的后续谈判的帮助	3.98	4	4	0.982	1	5

（6）PPP项目影响因素问卷调查结果的信度效度分析

①信度分析

表4-16为PPP项目影响因素问卷调查结果的可靠性统计。

表4-16　　可靠性统计分析表

量表	可靠性统计		
	Cronbach's α	基于标准化项的Cronbach's α	项数
PPP评价指标汇总表	0.940	0.942	37
经济环境量表	0.717	0.713	7
市场环境量表	0.823	0.819	5
政治与政策环境量表	0.876	0.881	6
PPP项目基本特征量表	0.809	0.810	7
PPP项目其他特征量表	0.807	0.816	4
建筑企业自身能力量表	0.866	0.867	8

由表4-16可知，市场环境、政治及政策环境、PPP项目基本特征、PPP项目其他特征、建筑企业自身能力的Cronbach's α系数均在0.8以上，只有经济环境在0.7以上，并且总量表的Cronbach's α系数为0.940，表明该问卷调查表的信度良好，满足量表信度良好的要求，可以对问卷调查表予以信赖。

②效度分析

问卷进行效度分析之前首先对每个量表进行KMO和Bartlett球形度检验，利用因子分析测量量表或整个问卷的结构效度，能够验证指标之间是否相关。KMO值一般满足大于0.5时才表明数据适合做因子分析。各个量表的KMO和Bartlett球形度检验结果见表4-17。表中五个量表的KMO样本测度基本满足大于0.6的要求，说明6项一级指标的效度都为良好，可以进行后续的处理工作。

表4-17　KMO和Bartlett检验表

KMO和Bartlett检验		市场环境	经济环境	政治与政策环境	PPP项目的基本特征	PPP项目的其他特征	企业自身能力
KMO取样适切性量数		0.769	0.668	0.714	0.676	0.721	0.736
Bartlett球形度检验	近似卡方	119.138	101.803	243.962	159.871	149.455	155.17
	自由度	10	21	28	22	26	28
	显著性	0.000	0.000	0.000	0.000	0.000	0.000

4.5　基于MA-OWA算子的指标体系的第二阶段筛选

在群决策方法中选择适当的方法对专家意见进行整合是非常重要的。一般而言，对决策数据采用平均值赋予相同权重或者排序后取中位数的方法都没有充分利用决策数据中包含的信息。考虑到单纯使用OWA算子会存在种种局限，本书采用MA-OWA算子方法，即多数集结（MA）过程和OWA算子相结合。多数集结（MA）是对对决策问题持有同样意见的专家赋予更大的权重，尽可能地避免了少数集的影响，相比平均化而言更具有科学性和符合人们的预期与常识。例如，如果对结果（1，1，1，3，4，5，5，5，5）进行数据归集，如果采用平均值得到的结果为3.3333，但如果使用MA-OWA算子法得到的结果则是4.013，更加符合实际和客观情况。

通过对问卷调查表中的数据使用MA-OWA算子法可以整合专家的意见，以便对指标的必要性进行评价，剔除标准为算子集结值而不参考平均值，分值从5到1依次递减。SJ公司实力雄厚，行业的口碑很好，公司本身对PPP项目的审批非常严格，他们对入围指标体系的标准即必要性分值设定为必须大于或等于3.5分（对应百分制，则为70分），小于3.5分则将该指标剔除。

MA-OWA算子对必要性打分的步骤如下：

Step1：将每个二级指标从专家处获得的所有分值按照从大到小的规则排列，并分为若干子类；

Step2：从每个分值所属的子类中各取一个数，计算平均值并定义为一个新的子类；

Step3：从除了Step2形成的新子类以外的每个子类中删除一个数，并删除空白子类；

Step4：从Step2开始，循环Step2和Step3，直到只剩一个子类，且这个子类中不包含其他元素；

Step5：最终所获得的单元素子类将被作为该指标的最终算子集结值。

通过数学语言的描述如下：

$$F_{MA}(a_1, a_2, a_3, \cdots, a_n) = \sum_{j=1}^{n} w_j \times b_j \qquad \text{（公式4.1）}$$

$a_i(i=1,2,\cdots,n)$是待集结的打分值，b_j是排序后a_i中第j大的数。

$$w_j = f_j(b_1,b_2,\cdots,b_n) = \frac{1}{\prod_{k=g_i}^{n} h_k(b_1,b_2,\cdots,bn)} \qquad (\text{公式 } 4.2)$$

其中：g（x）为$a_i(i=1,2,\cdots,n)$按从小到大数值排列之后，每个子类中数字的序号。

定义p_{kj}如下：

$$p_{kj} = \begin{cases} 1 & \text{if } j=1, k \geqslant 1, b_k = b_j \\ 1 & \text{if } b_j = b_{j+k-1}, b_j \neq b_{j-1}, j \neq 1 \\ 0 & \text{其他} \end{cases} \qquad (\text{公式 } 4.3)$$

如此可以利用p_{kj}求得$h_k(b_1,b_2,\cdots,b_n)$如下：

$$h_k(b_1,b_2,\cdots,b_n) = \begin{cases} \sum_{j=1}^{n} p_{kj} & \text{if } k=1 \\ 1+\sum_{j=1}^{n-k+1} p_{kj} & \text{if } k \neq 1 \end{cases} \qquad (\text{公式 } 4.4)$$

在此使用MATLAB 6.5编程实现该算法，定义相关函数Fb=MA（a），计算M个专家对N个指标的评价值集结。操作过程详见附录2。表4-18、图4-1和图4-2为各项指标的均值、离散系数和基于MA-OWA算子的指标必要性得分。

表4-18 基于MA-OWA算子的指标必要性得分

准则层（B）	指标层（C）	均值	离散系数	MA-OWA算子	备注
经济环境	宏观经济指标波动	3.16	0.2615	3.71	
	项目所在地基本经济规模	3.38	0.3112	3.58	
	项目所在地经济增长速度	4.11	0.1942	4.31	
	项目所在地城市化程度	4.21	0.2455	3.83	
	项目所在地经济结构的稳定性	2.23	0.2156	2.82	剔除
	项目所在地人均收入水平	4.16	0.1845	4.01	
	项目所在地政府债务规模和结构	4.66	0.1654	4.94	

续表

准则层（B）	指标层（C）	均值	离散系数	MA-OWA算子	备注
市场环境	项目所需相关资源的市场价格及未来波动情况	4.02	0.2565	4.20	
	项目所在地人口规模	3.85	0.3014	3.92	
	项目所在地人口流动情况	3.73	0.2458	3.41	剔除
	项目所在地市场自由度	3.98	0.2838	3.79	
	项目未来市场需求及波动情况	4.29	0.2215	4.34	
政治及政策环境	PPP模式相关政策及变动幅度	4.11	0.2654	4.0	
	项目所在地政府诚信度	4.67	0.1987	4.8	
	项目所在地政府办事办公效率	4.55	0.2012	4.9	
	项目所在地政府相关PPP经验	4.49	0.2424	4.8	
	项目的公众支持度	4.02	0.2112	4.0	
	项目有关的激励措施和优惠政策	4.45	0.2256	4.7	
PPP项目基本特征	项目是否入库	4.51	0.2321	4.8	
	项目入库级别	4.21	0.1703	4.31	
	项目投资规模	4.03	0.2412	4.0	
	项目的合法合规性	4.77	0.1594	4.99	
	项目投资收益率	4.89	0.1412	4.99	

续表

准则层（B）	指标层（C）	均值	离散系数	MA-OWA算子	备注
PPP项目基本特征	项目是否有可行的投融资方案	4.55	0.1689	4.96	
	项目所在地地方政府对竞争限制的承诺	4.43	0.1941	4.86	
PPP项目其他特征	项目符合公司战略	4.23	0.2857	4.51	
	项目有明确且合理的风险分担程序	4.62	0.2121	4.96	
	项目容易受到气候和不可抗力等自然灾害的影响	4.10	0.2924	4.23	
	有明确的退出机制	3.89	0.2562	4.12	
企业自身能力	投标报价能力	2.87	0.3010	2.97	剔除
	项目运营维护能力	3.98	0.2518	4.24	
	企业的技术水平满足项目的技术要求的程度	4.16	0.2421	4.64	
	公司对项目的管理能力	4.09	0.1918	4.13	
	核心技术及管理人员	4.19	0.2101	3.79	
	建设所需的主要的机械设备能力及资源的获取能力	3.59	0.2556	3.67	
	拥有类似PPP项目的相关经验	3.62	0.2410	3.15	剔除
	企业资金与经济实力	4.33	0.1752	4.02	

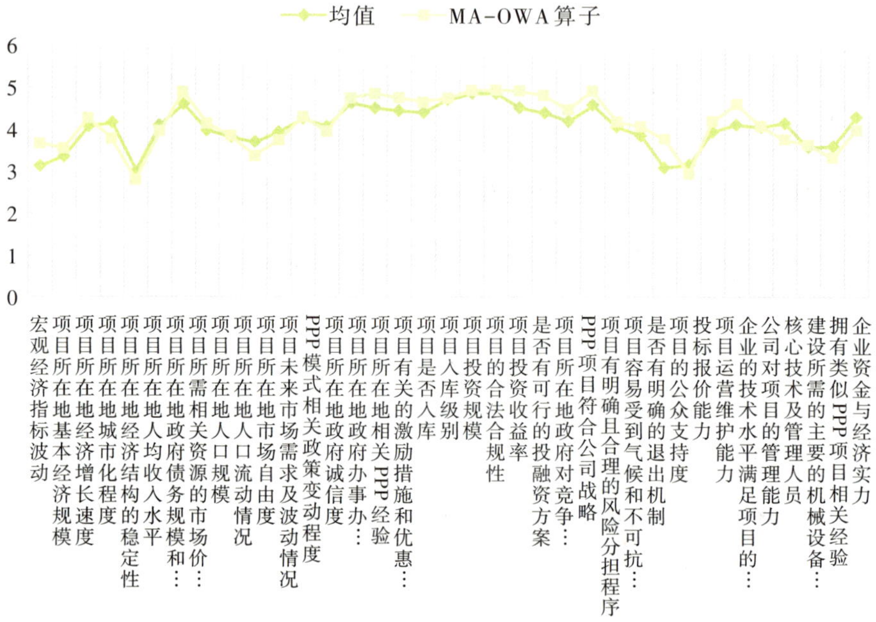

图4-1 MA-OWA算子得分图

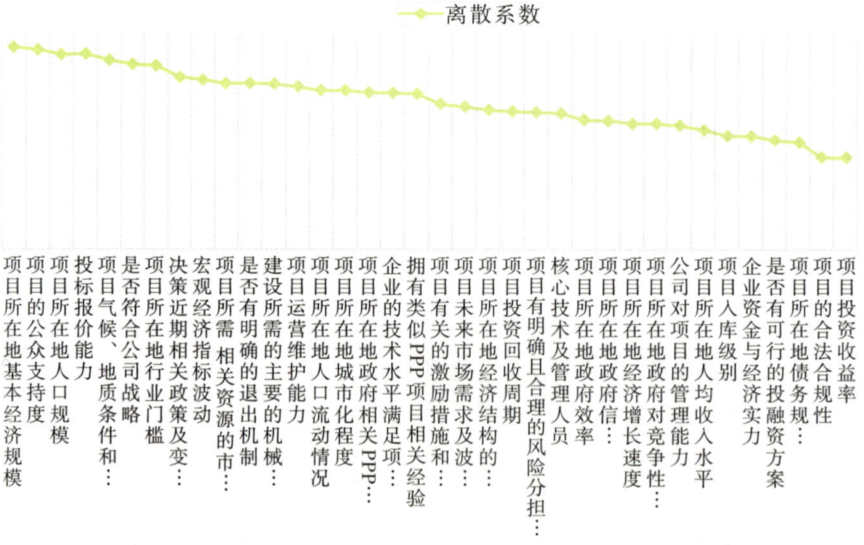

图4-2 离散系数图

表4-18、图4-1和图4-2显示：

（1）经济环境一级指标下的项目所在地经济结构的稳定性，市场环境一级指标下的项目所在地人口流动情况，企业自身能力一级指标下的投标报价能力和拥有类似PPP项目的相关经验，这四个指标的MA-OWA算子得分均小于3.5分（尽管有些指标平均值大于3分，这是因为个别问卷拉高了平均值），为了简化评价模型，将这四个指标予以删除。通过与相关专家讨论，MA-OWA算子得分低的原因为：①剔除“投标报价能力”是因为企业的投标报价能力首先取决于企业的自身能力，资金实力和技术实力都影响了该能力。另外，政府对于企业的印象和企业在地方的口碑也都影响了投标报价能力，这个指标本身就与一级指标企业自身能力有所重合。“拥有类似PPP项目的相关经验”被删除的理由也是一样。②“项目所在地经济结构的稳定性”和“项目所在地人口流动情况”未被重视则是因为该指标对于企业投资方而言难以被直观地测量和评价，因此未被放入指标体系中。

（2）根据均值和MA-OWA算子得分，可知：

①均值和MA-OWA算子得分很高的影响因素，第一，影响投资决策最大的二级指标是“项目的合法合规性”，项目的合法合规性的高均值是由于近期的PPP项目监管严格以及资管新规等新政策的颁布，对于不符合条件的PPP项目一律出库处理甚至叫停。例如，2018年PPP项目经历了一轮集中整顿，仅一年时间全国共清理退库的PPP项目就有2 557个，涉及的投资金额高达3.0万亿元。因此，PPP项目的法律合规性是PPP项目进入企业筛选范围的准入门槛，也是保证PPP项目能够持续下去的先决条件。基于此，本书在经过指标筛选后将该指标作为资质初筛的必要条件。第二，“项目有明确且合理的风险分担程序”指标被赋予了高权重也是因为PPP项目的风险特征，使得未能很好地规避风险的PPP项目必然会在企业的投资决策中难以胜出。第三，“政策变动幅度与地方政府诚信度”指标权重较高，反映了近期大量政策的出台虽然使得PPP项目发展趋于规范，但仍反映出现阶

段PPP项目的推行还处于一个相对不稳定的时期。政策变动幅度较大，从而影响社会资本方的参与积极性，使其在投资决策时表现得更加谨慎。第四，“具有可行的投融资方案”指标权重高也说明了PPP项目投资时间长、风险大的特点，以及针对PPP项目的金融体系尚未完善，金融机构参与度不高，融资也是非常重要的问题。第五，“政府债务规模和结构”指标也反映了政府偿债能力以及信用条件对于项目建设以及运营十分重要，如果政府的支付信用体系存在问题，则势必会影响项目的建设阶段推进以及后期运营成本的回收和盈利的保障，存在项目投资回收失败的风险。第六，“政府对竞争限制的承诺”指标的高权重，也反映了以往出现高度竞争项目的PPP项目最终受益大幅度减少，投资人甚至难以收回项目成本，这些失败案例对于其他投资者而言起到了较好的警示作用。

②均值和MA-OWA算子得分偏低的影响因素，与前文所提理论不太契合的是经济类指标普遍权重不高，除了生产总值、人均收入等二级指标以及政府债务和结构等指标以外，宏观指标（包括市场和经济指标）普遍权重不高，这也反映了这些宏观经济因素对于企业PPP项目投资决策的影响有限，对于单个PPP项目而言，影响并不大。而且，从风险防控的主体来看，宏观风险应当由国家层面负责，或者说这些指标对于投资决策结果影响的不确定程度较高，对项目所造成的影响也较难确定。因此，投资者对于这些指标赋予的权重相对较低。

（3）从离散系数来看，各个指标的离散系数可以得到专家对指标的集中度，指标越小表示专家意见越统一。根据表4-18和图4-2的离散系数评分可以看出，①专家意见最统一的三个指标分别是项目投资收益率、项目的合法合规性、项目所在地政府的债务规模和结构，而这三个指标的MA-OWA算子得分都接近5分，因此应当是最重要的评价指标。②其次分别为是否有可行的投融资方案、企业资金与经济实力、项目的入库级别、项目所在地人均收入水平、企业对项目的管理能力以及政府对竞争限制的承诺等。③离散系数最大的三个指标则分别是项目地区基本经济规模、项目的公众支持度以及项目地区的人口规模，代表专家的意见并不是很统一。

4.5.1 指标体系的最终结果

在通过专家访谈以及MA-OWA算子法，对PPP项目投资决策指标体系进行两个阶段的完善与筛选之后，得到了6个准则层下的33个二级指标，具体筛选过程如表4-19和图4-3所示，这些指标基本能够全面反映PPP项目投资决策的影响因素。

表4-19　指标筛选过程

准则层	指标层	第一次筛选	第二次筛选
经济环境	宏观经济指标波动		
	项目所在地基本经济规模		
	项目所在地经济增长速度		
	项目所在地城市化程度		
	项目所在地经济结构的稳定性		删除
	项目所在地人均收入水平		
	项目所在地政府债务规模和结构	从“政府与政策环境”中移入	
市场环境	项目所需相关资源的市场价格及未来波动情况		
	项目所在地人口规模		
	项目所在地人口流动情况		删除
	项目所在地市场自由度	界定要清晰	
	项目未来市场需求及波动情况		
政治及政策环境	PPP模式相关政策及变动程度		
	项目所在地政府诚信度		
	项目所在地政府办事办公效率		
	项目所在地政府相关PPP经验		
	项目有关的激励措施和优惠政策		
	项目的公众支持度		
	拟建项目所在地领导更迭情况	删除	
	项目所在地政府是否提供了可靠的担保	删除	

续表

准则层	指标层	第一次筛选	第二次筛选
PPP 项目基本特征	项目是否入库		
	项目入库级别		
	项目投资规模		
	项目的合法合规性	从“PPP项目其他特征”中移入	
	项目投资收益率		
	项目投资回收期	删除	
	融资可行性	改为“项目是否有可行的投融资方案”	
	项目所在地政府对竞争限制的承诺		
PPP项目其他特征	项目是否符合公司战略		
	项目是否有明确且合理的风险分担程序		
	项目是否容易受到气候和不可抗力等自然灾害的影响		
	项目招标文件的完整性、清晰性	删除	
	项目的评标方法是否合理	删除	
	项目是否有明确的退出机制		
企业的自身能力	项目运营维护能力	增加	
	投标报价能力	需要后续检验	删除
	企业的技术水平满足项目的技术要求的程度		
	公司对项目的管理能力	要界定清楚	
	核心技术及管理人员		
	建设所需的主要的机械设备能力及资源的获取能力		
	拥有类似PPP项目的相关经验		删除
	企业资金与经济实力		

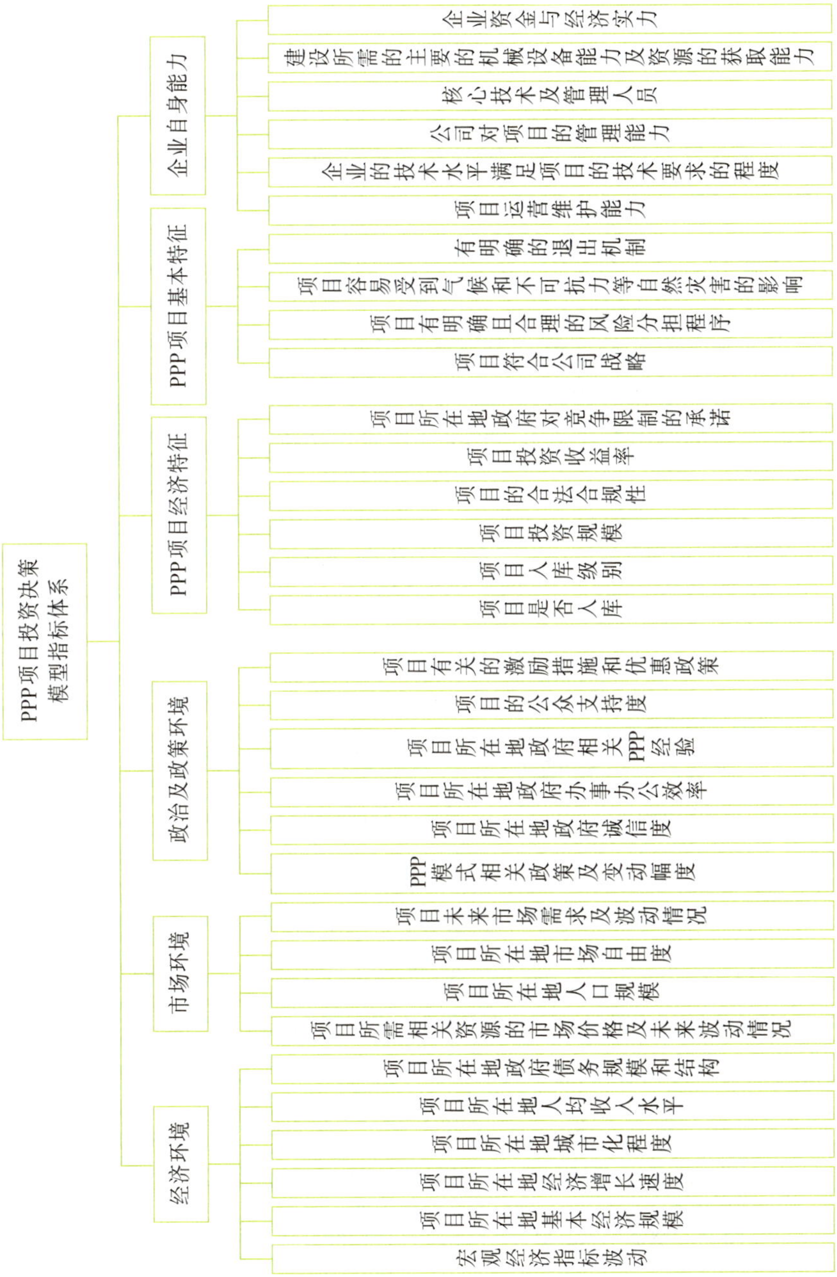

图 4-3　PPP项目投资决策模型的指标体系

4.5.2 指标体系的数据来源和评价依据

由于后续需要对模型的适用性进行案例分析与评价，在面对待决策的项目时，尽管最终对大部分定性指标做出评价的是经验丰富的专家，但也需要给出项目的具体信息和评价标准，以防止标准不统一以及信息不全面导致的误差。而这些评价标准也将会具有良好的参考和指导作用，并能够对二级指标的概念和内涵进行解释，便于参考者理解指标含义。本书在参考相应文献的基础上，与SJ公司的专家进行了深入的集体讨论后，给出了相应指标的评价依据，并注明信息的可能来源，方便参考者能够收集到相应的信息。PPP项目投资评价指标及依据见表4-20。

表4-20 PPP项目投资评价指标及依据

准则层	指标层	评价标准和数据来源
经济环境	宏观经济指标波动	国内生产总值等指标的波动情况（国家统计局网站）
	项目所在地基本经济规模	地区生产总值等指标（国家统计局网站）
	项目所在地经济增长速度	地区生产总值等指标的增速（国家统计局网站）
	项目所在地城市化程度	城市人口占总人口的比重
	项目所在地人均收入水平	人均收入水平（国家统计局网站）
	项目所在地政府债务规模和结构	地方政府债券发行量、期限以及利率等情况，财政预决算报告（财政厅网站）
市场环境	项目所需相关资源的市场价格及未来波动情况	项目所需材料市场价格及波动（地方物价局披露文件）
	项目所在地人口规模	项目覆盖区域的人口总数（地方统计局披露）
	项目所在地市场自由度	依据前期的调研情况判断
	项目未来市场需求及波动情况	根据可行性研究分析预测

续表

准则层	指标层	评价标准和数据来源
政治及政策环境	PPP模式相关政策及变动幅度	根据近期中央和地方政府出台行业或PPP模式政策的趋势定性评估
	项目所在地政府诚信度	以年度《中国法治政府评估报告》下的三级指标“在城市信用方面的排名情况”得分情况为依据，若候选项目中有城市未列入评估对象，则统一使用其他指标
	项目所在地政府办事办公效率	根据年度中国地方政府效率研究报告中以市为单位进行评价
	项目所在地政府相关PPP经验	地方政府项目库中的PPP存量项目的发展情况
	项目有关的激励措施和优惠政策	有无地方性政策优惠、政府专项资金、行业激励政策等
	项目的公众支持度	根据前期调研情况依据项目的性质、地理位置、对环境的影响等因素综合定性判断
PP项目基本特征	项目投资收益率	包括全投资税后财务内部收益率以及自有资金税后财务内部收益率等
	项目投资规模	项目投资总规模
	是否有可行的投融资方案	由专家判断投融资方案情况及项目股权端和债务端预期落地情况
	项目所在地政府对竞争限制的承诺	地方政府是否做出书面承诺不在标的项目一定范围内后续再建同类型其他项目
	项目是否入库	项目是否进入PPP项目库
	项目入库级别	项目入库级别（省级、国家级）
	项目的合法合规性	门槛性指标

续表

准则层	指标层	评价标准和数据来源
PPP项目其他特征	PPP项目符合公司战略	是否符合公司的地区战略和行业战略
	是否有明确且合理的风险分担程序	招标文件及初期洽谈中政府是否予以承诺
	项目容易受到气候和不可抗力等自然灾害的影响	技术部门的前期调研
	是否有明确的退出机制	核心退出条件是否在招标文件中列明，以及定性判断退出机制是否合理
企业自身能力	项目运营维护能力	专家根据企业的实际情况进行评价
	现有的技术水平能满足项目的技术要求	
	公司对项目的管理能力	
	核心技术及管理人员	
	建设所需的主要的机械设备能力及资源的获取能力	
	企业资金与经济实力	

第5章
基于群决策理论的SJ公司PPP项目投资决策指标权重确定及模型的建立

5.1 基于群组AHP聚类分析法和MA-OWA算子法下的指标主观权重确定

第4章建立了基于群决策理论的PPP项目投资决策指标体系，共6个一级指标33个二级指标，指标数较多，如果对所有的指标都采取AHP方法选取权重，不但工作量繁重，同时还可能给指标权重的准确性带来影响。因此本章只要求富有经验的专家对6个一级指标利用判断矩阵进行打分，获取主观权重；对二级指标仍然采用MA-OWA算子的方法，得到各个指标的主观权重。

5.1.1 群组AHP聚类分析法判断矩阵确定一级指标的权重

（1）群组AHP聚类分析法的应用步骤

群组AHP聚类分析法是层次分析法（AHP）和群体聚类分析法的综合运用。群组决策（Group Decision-Making，GDM）理论是一种基于决策科学化和民主化原则，通过多个专家共同参与决策的过程以及机制，它已经成为面对复杂事件做出决策的重要方式。群组AHP聚类分析法将AHP

和聚类分析结合在一起，将聚类分析法和层次分析法相结合，可以有效降低层次分析法在专家判断过程中产生的主观性偏差。为了使决策的结果更加科学合理，本章指标权重由多位专家参与决策，而非通过Delphi法使得专家的意见趋于一致后的单个判断矩阵。本章收集了多个专家判断矩阵，这就需要对判断结果按照一定方法进行集结，以确定各判断矩阵的专家权重，得到最终的指标权重。本书借鉴侯晓东（2016）改进的群组层次分析法，该方法首先根据层次分析法得到各专家的指标权重向量，然后再根据个体差异性系数和群体一致度系数确定相应的专家权重系数。

群组AHP聚类分析法的应用步骤为：

①构造层次分析法（AHP）比较判断矩阵。

首先向专家发放问卷调查表，问卷调查表采用两两判断矩阵，并且对AHP判断矩阵做出简单介绍，提示“互反性”和“一致性”的要求，便于保证问卷有效性，减少后续阶段的“一致性修正”。参与问卷填写的这些专家都是SJ公司的投资发展部、财务部等部门主要负责人，并且告知注意矩阵一致性问题。为了保证各位专家的标准一致，在进行案例评价之前，允许专家对相应的评价标准和尺度进行简短的讨论。

对指标体系中一级指标进行两两比较，将两个一级指标B_i与B_j相互对比，重要性程度的赋值按照1–9标度进行（见表5–1），其中$A=(a_{ij})_{n\times m}$表示指标B_i和指标B_j相比较目标层而言的重要程度。

表5–1 判断矩阵标度

标度	含义
1	表示两个指标比较，指标B_i与B_j同等重要
3	表示两个指标比较，指标B_i比B_j稍微重要
5	表示两个指标比较，指标B_i比B_j明显重要
7	表示两个指标比较，指标B_i比B_j强烈重要
9	表示两个指标比较，指标B_i比B_j极端重要
2、4、6、8	评价的中间值
倒数	如果指标B_i与B_j的重要性比为a_{ij}，则指标B_j与B_i的重要性比为$a_{ji}=1/a_{ij}$

②计算单一准则下的权重向量。

通常使用方根法，构造比较判断矩阵，步骤如下：

第1步，计算判断矩阵A每一行所有元素的乘积可得：$k_i=\prod_{i=1}^{n}a_{ij}\ (i=1,2,\cdots,n)$；

第2步，计算k_i的n次方根可得：$\bar{w}=\sqrt[n]{k_i}$；

第3步，计算得到$\tilde{w}=(\tilde{w}_1,\tilde{w}_2,\cdots,\tilde{w}_n)^T$，并对该向量进行归一化处理：$w_i=\dfrac{\bar{w}_i}{\sum_{j=1}^{n}\bar{w}_j}$，即可得到权重的特征向量$w=(w_1,w_2,\cdots,w_n)^T$；

第4步，计算矩阵A的最大特征值：$\lambda_{max}=\dfrac{1}{n}\sum_{i=1}^{n}\dfrac{(Aw)_i}{w_i}$。

③一致性检验。

客观事物的复杂性以及个人认知的局限性使得专家矩阵可能不具有一致性。因此，要对判断矩阵进行一致性检验，书中引进一致性比例CR=CI/RI检验一致性，其中：一致性指标$CI=(\lambda_{max}-n)/(n-1)$，平均随机一致性指标为RI，表5-2是矩阵RI与n的对照关系表。当$CR<0.1$时，认为矩阵满足一致性要求，反之则应当对矩阵进行适当的修正，使其满足一致性要求。

表5-2　RI与n的对照关系参照表

n	1	2	3	4	5	6	7	8	9	10
RI	0	0	0.58	0.90	1.12	1.24	1.32	1.41	1.45	1.49

④群组AHP权重的确定。

本章将模式识别的理论方法应用到群组层次分析法中，通过对专家排序向量的聚类分析，判别其客观可信度，即通过这种方法确定专家权重。聚类分析作为一种模式识别的分类方法，能够用以判断样品质量的好与坏。为判断某专家个体排序向量的客观可信性，首先对个体排序向量进行聚类分析，根据聚类分析结果给专家赋权，即基于聚类分析的群组层次分析法，本章将以该方法作为基础，对专家判断矩阵中个体排序向量的相容度进行聚类计算并生成聚类分析树，同时根据所设定阈值确定专家的归类分布情况；结合类容量的大小来确定类间权重，通过类内各专家的一致性比例确定该专家的类内权重；然后综合类间权重及类内权重得到各位专家对该准则层各指标的综合向量的权重；最后计算出该准则层下各个指标的综合排序向量。

第一，个体差异性系数。

个体差异性系数通过各专家给出的指标权重向量和平均权重向量的距离差进行度量，以反映专家群体意见的差异性。由于专家的社会背景、知识体系、项目经验存在差异，所以评价结果的差异性是必然存在的，如果忽略这种差异则必然会在一定程度上影响结果的准确性。因此，使用个体差异性系数可以量化各个专家之间存在的差异。

设第i个指标全体专家的平均权重向量为$\bar{W}=(\varpi_1,\varpi_2,\cdots,\varpi_m)$，$\varpi_i$是第i个指标的权重均值，n为专家个数。其表达式为：

$$\varpi_i=\frac{1}{n}\sum_{i=1}^{n}\omega^{l}\quad(i=1,2,\cdots,m)\qquad\text{（公式5.1）}$$

n个专家中第k个专家的权重向量到平均权重向量的闵可夫斯基距离（闵氏距离）表达式为：

$$B_k=\left[\sum_{i=1}^{m}\left|\omega_i^k-\varpi_i\right|^q\right]^{1/q}\quad(k=1,2,\cdots,n,q\geqslant 3)\qquad\text{（公式5.2）}$$

距离值B_k反映了个体专家的观点与全部专家的平均观点之间的差异，应当赋予离均值越小的专家以更大的权重。根据该表达，专家的个体差异度的表达式为：

$$b_k=\frac{1/B_k}{\sum_{l=1}^{n}(1/B_k)}\quad(k=1,2,\cdots,n)\qquad\text{（公式5.3）}$$

第二，群体一致度系数。

群体一致度系数根据传统的AHP聚类分析法进行计算，反映的是专家意见趋同的质量。专家权重向量越接近则说明专家共识度越高，专家可信度也越高，也应当赋予更大的权重，该方法源于群组决策的思想。在此基础上，根据各专家给出的指标权重向量的相似度对各个专家进行分类，并依据聚类结果得到专家组的一致度系数。

假定由n个专家对m个待评价指标进行评价，第k个专家使用AHP法获得的权重特征向量为$W^k=(\omega_1^k,\omega_2^k,\cdots,\omega_m^k)$，$k=1,2,\cdots,n$，同时定义两个专家之间的相似程度为向量夹角余弦$C_{ij}$，例如$W^i$与$W^j$之间的向量夹角余弦为：

$$C_{ij}=\frac{W^iW^j}{|W^i||W^j|}=\frac{\sum_{l=1}^{m}\omega_l^k\omega_l^k}{\sqrt{\left(\sum_{l=1}^{m}(\omega_l^i)^2\right)}\sqrt{\left(\sum_{l=1}^{m}(\omega_l^j)^2\right)}},i,j=1,2,\cdots,n. \quad \text{（公式5.4）}$$

C_{ij}满足以下条件（其中，S表示指标数量）：

- $C_{ij}=1$，第i个专家与第j个专家的个体排序向量完全相似；
- $C_{ij}<1$，对一切i，j（i，j≤s）；
- $C_{ij}>1$，对一切i，j（i，j≤s）。

根据相似系数可判断两个个体排序向量的相似程度：C_{ij}越接近1，则说明第i个专家与第j个专家的个体排序向量的相似程度越高。当相似度达到某程度时就可以将2位专家归为一类，具体流程如图5-1所示。

在经过上述聚类分析之后，n个专家被分为t类，对处于同一类的专家所给出的评价值可以认为是接近的，即相同的权重，专家数量越多，权重越大。因此，n个专家中第k个专家的分类里包含有Φ_k个专家，可以求得该群体一致度系数为：

$$a_k=\frac{\Phi_k}{\sum_{l=1}^{n}\Phi_l}\ (k=1,2,3,\cdots,n) \quad \text{（公式5.5）}$$

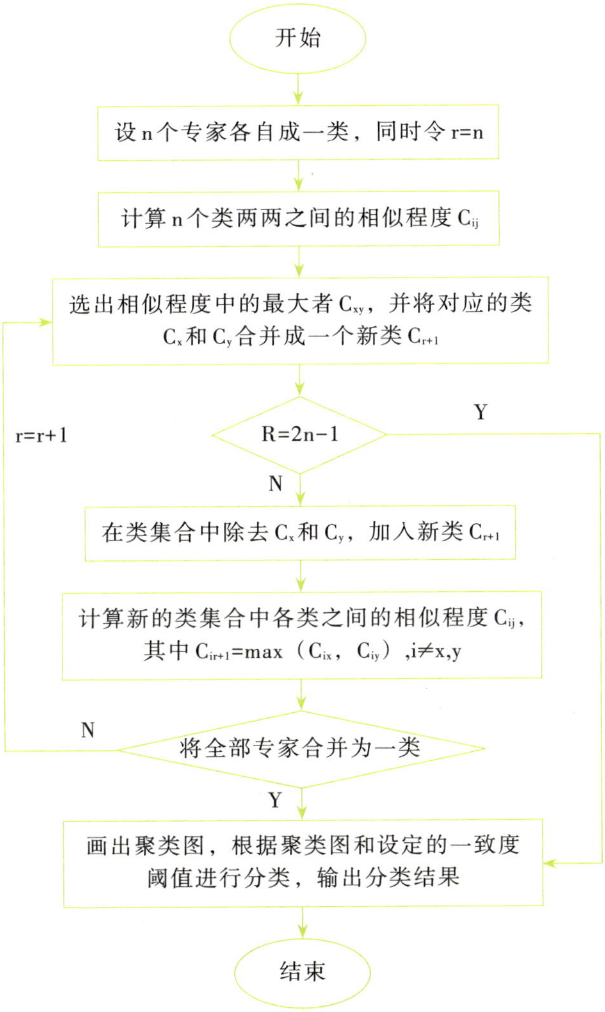

图5-1　基于聚类分析法的AHP流程

⑤综合权重向量的确定。

综合权重向量是由个体差异性系数和群体一致度系数综合而得的，本书设专家E_k的权重系数为：

$$\lambda_k = \frac{a_k b_k}{\sum_{l=1}^{n} a_k b_k} \quad (k = 1, 2, \cdots, n) \qquad \text{（公式 5.6）}$$

其中，a_k代表第k个专家的群体一致度系数，b_k为由（公式5.3）计算出的个体差异度。在得到所有专家权重系数所构建的专家权重向量$W' = (\lambda_1, \lambda_2, \ldots, \lambda_n)$后，采用加权平均法可得到最终的准则层及一级指标层的权重向量：

$$W_Z = W' \begin{bmatrix} \omega_1^1 & \cdots & \omega_m^1 \\ \vdots & \ddots & \vdots \\ \omega_1^n & \cdots & \omega_m^n \end{bmatrix} \qquad \text{（公式 5.7）}$$

（2）群组AHP聚类分析法在一级指标权重确定中的具体应用

①专家选择和问卷调查表的设计。

根据判断矩阵标度，开始对一级指标构建判断矩阵，表5-3为现实决策目标判断矩阵构成，α_{ij}表示指标i相对于指标j的重要性程度，具体标度及含义详见表5-1。

表5-3 一级指标两两比较打分表

	指标1	指标2	…	指标6
指标1	a_{11}	a_{12}		a_{16}
指标2	a_{21}	a_{22}		a_{26}
⋮	⋮	⋮	⋮	⋮
指标6	a_{61}	a_{62}		a_{66}

这里选取的专家和4.3.1的专家一致，专家情况详见表4-7。

②构造比较判断矩阵。

通过专家问卷法收集5位专家通过自身的经验对一级指标层相对于目标层的判断矩阵，见表5-4至表5-8。为了方便归集和计算，设定各一级指标分别为：PPP项目基本特征（B_1）、政治及政策环境（B_2）、PPP项目其他特征（B_3）、企业自身能力（B_4）、市场环境（B_5）、经济环境（B_6）。

表5-4 一级指标判断矩阵（专家1）

	B_1	B_2	B_3	B_4	B_5	B_6
B_1	1	2	3	5	7	9
B_2	1/2	1	3	5	6	7
B_3	1/3	1/3	1	2	4	5
B_4	1/5	1/5	1/2	1	3	5
B_5	1/7	1/6	1/4	1/3	1	4
B_6	1/9	1/7	1/5	1/5	1/4	1

表5-5 一级指标判断矩阵（专家2）

	B_1	B_2	B_3	B_4	B_5	B_6
B_1	1	1/2	3	1/3	5	4
B_2	2	1	5	1/2	6	4
B_3	1/3	1/2	1	1/6	3	2
B_4	3	1/3	6	1	7	5
B_5	1/5	1/6	1/5	1/3	1	1/2
B_6	1/4	1/5	1/4	1/2	2	1

表5-6 一级指标判断矩阵（专家3）

	B_1	B_2	B_3	B_4	B_5	B_6
B_1	1	1/3	2	3	4	8
B_2	3	1	3	4	5	9
B_3	1/2	1/3	1	2	3	5
B_4	1/3	1/4	1/2	1	2	4
B_5	1/4	1/5	1/3	1/2	1	3
B_6	1/8	1/9	1/5	1/4	1/3	1

表 5-7　　一级指标判断矩阵（专家 4）

	B_1	B_2	B_3	B_4	B_5	B_6
B_1	1	2	3	5	8	9
B_2	1/2	1	3	4	5	8
B_3	1/3	1/3	1	2	4	5
B_4	1/5	1/4	1/2	1	3	6
B_5	1/8	1/5	1/4	1/3	1	4
B_6	1/9	1/8	1/5	1/6	1/4	1

表 5-8　　一级指标判断矩阵（专家 5）

	B_1	B_2	B_3	B_4	B_5	B_6
B_1	1	2	3	5	6	8
B_2	1/2	1	3	4	6	7
B_3	1/3	1/3	1	2	3	5
B_4	1/5	1/4	1/2	1	2	4
B_5	1/6	1/6	1/3	1/2	1	3
B_6	1/8	1/7	1/5	1/4	1/3	1

③计算特征向量、特征值，进行一致性检验。

对上述比较判断矩阵通过MATLAB软件，计算特征向量 $W^{(k)}$ 和特征值 $\lambda^{(k)}$ 分别为：

$W^{(1)}$=（0.3899，0.2960，0.1415，0.0932，0.0522，0.0271）$\lambda_{max}^{(1)}=6.3662$

$W^{(2)}$=（0.1838，0.2766，0.0940，0.3332，0.0443，0.0681）$\lambda_{max}^{(2)}=6.5764$

$W^{(3)}$=（0.2383，0.4165，0.1535，0.0980，0.0641，0.0295）$\lambda_{max}^{(3)}=6.1712$

$W^{(4)}$=（0.3998，0.2798，0.1429，0.0997，0.0521，0.0258）$\lambda_{max}^{(4)}=6.3394$

$W^{(5)}$=（0.3910，0.2931，0.1401，0.0881，0.0570，0.0307）$\lambda_{max}^{(5)}=6.2040$

使用MATLAB 2016软件再对判断矩阵进行一致性检验得到：

$CR^{(1)}(0.0732)<0.1$，$CR^{(2)}(0.087)<0.1$，$CR^{(3)}(0.0794)<0.1$，$CR^{(4)}(0.0663)<0.1$，$CR^{(5)}(0.071)<0.1$。

由此可见，判断矩阵的CR值均小于1，满足一致性要求，无须后续的调整。

④计算群体一致度系数。

根据专家总人数将评价专家分为五类：$Group_1=\{X_1\}$，$Group_2=\{X_2\}$，$Group_3=\{X_3\}$，$Group_4=\{X_4\}$，$Group_5=\{X_5\}$，令专家分组数r=5，并利用MATLAB 2016软件中的pdist函数生成闵可夫斯基距离，使用夹角余弦求解各个专家个体特征向量之间的相似性，得到相似度矩阵，见表5-9。

表5-9 相似度矩阵表

	C_1	C_2	C_3	C_4	C_5
C_1	1	0.9617	0.92924	0.9998	0.9992
C_2	*	1	0.9248	0.9645	0.9529
C_3	*	*	1	0.9909	0.9936
C_4	*	*	*	1	0.9989
C_5	*	*	*	*	1

根据相似度矩阵表可以看出，C_{14}的值最大，故将C_1和C_4合并为新项目$Group_6=\{E_1,E_4\}$，并作为新的群组，同时令专家分组数r=5+1=6，再计算新集合的相似度：

$C_{26}=\max\{C_{12},C_{24}\}=0.9645$，$C_{36}=\max\{C_{13},C_{34}\}=0.9924$，$C_{56}=$

$\max\{C_{15},C_{45}\}=0.9992$，$C_{23}=0.9248$，$C_{25}=0.9529$，$C_{35}=0.9936$。

数据显示，C_{56}最大，故将C_5和C_6合并为新类$Group_7=\{E_1,E_4,E_6\}$，并按照图5-1继续进行类聚合，完成最终的分类，聚类结果图如图5-2所示。

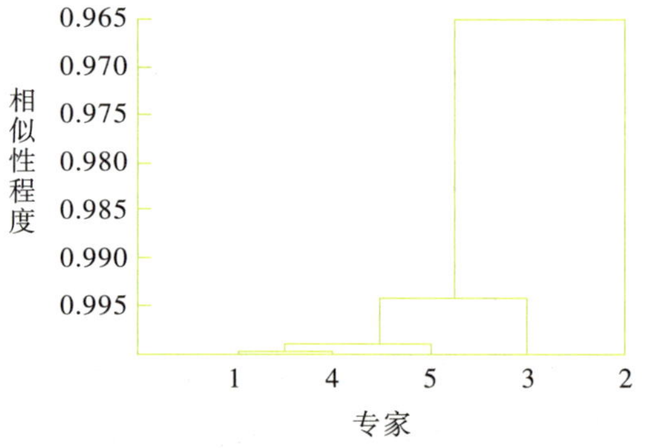

图5-2　专家聚类图

从图5-2可以看出，专家1、3、4、5相似程度较高，而专家2与其他专家有较大分歧，故单独作为一类。此时各类专家人数为$\Phi_1=\Phi_3=\Phi_4=\Phi_5=4$，$\Phi_2=1$。因此各个专家的群体一致度系数为：

$$a_1=a_3=a_4=a_5=\frac{4}{1+2+3+4+5},\quad a_2=\frac{1}{1+2+3+4+5}$$

$\overline{W}$再次利用pdist函数求解各个专家的个体权重向量与平均权重向量的闵氏距离：

$B_1=0.0141$，$B_2=0.117$，$B_3=0.0748$，$B_4=0.0106$，$B_5=0.0301$

再通过（公式5.3）变换为个体差异性系数，结合上一步得到的群体一致度系数，最终得到专家权重赋值结果，见表5-10：

表5-10　专家权重赋值结果

专家序号	EX_1	EX_2	EX_3	EX_4	EX_5
权重值λ_i	0.3279	0.0395	0.061	0.4233	0.1483

根据表5-10的结果，最后使用Excel软件加权平均得到一级指标

权重：

W_1=（0.3769，0.2953，0.1407，0.1049，0.05328，0.0288）

即：各一级指标的主观权重为：PPP项目基本特征（B_1=0.3769）、政治及政策环境（B_2=0.2953）、PPP项目其他特征（B_3=0.1407）、企业自身能力（B_4=0.1049）、市场环境（B_5=0.05328）、经济环境（B_6=0.0288）。

5.1.2 利用MA-OWA算子法计算二级指标主观权重及综合主观权重的确定

根据美国学者Yager在1988年提出的OWA算子的定义，设$F:R^n \to R$，如果：

$$F(a_1,a_2,\cdots,a_n)=\sum_{j=1}^{n} w_j \cdot b_j \quad \text{（公式5.8）}$$

其中：$w=(w_1,w_2,\cdots,w_n)^T$为F的关联权重向量$w_j \in [0,1]$，$\sum_{j=1}^{n} w_j=1$，b_j为数组$(a_1,a_2,\cdots,a_n)$中第j大的元素，则F为n维的OWA算子，OWA算子是根据数组$(a_1,a_2,\cdots,a_n)$重新升序排列后集合而成的，元素w_i与b_i不存在任何关联，仅与第i个位置有关，不同类型的OWA算子仅存在权重w计算方法上的差异，本书根据多数集来求解权重，对有相同意见的问卷参与人员赋予更大的权重，避免结果受少数几个极值的影响，即MA-OWA。

根据（公式5.8）和Pelaez等定义可以求解出权重w_j：

$$w_j=f_j(b_1,\cdots,b_n)=\frac{1}{\prod_{k=g_j}^{n} h_k(b_1,\cdots,b_n)} \quad \text{（公式5.9）}$$

其中：

$$h_k(b_1,\cdots,b_n)=\begin{cases}\sum_{j=1}^{n}p_{kj} & k=1\\ \sum_{j=1}^{n-k+1}p_{kj}+1 & k\neq 1\end{cases}$$ （公式5.10）

$$P_{kj}=\begin{cases}1 & b_j=b_{j+k-1},b_j\neq b_{j-1}\\ 1 & j=1,k\geqslant 1,b_j=b_{j-1}\\ 0 & \text{其他}\end{cases}$$

通过第4章第二阶段的问卷调查，得到了二级指标体系的必要性及重要性的算子得分，而指标体系的上层指标（一级指标）通过采用“基于聚类分析的群组AHP方法”得到权重，二级指标则通过MA-OWA算子归一化得到主观权重。由于通过MA-OWA算子统计的问卷数较多，计算量较大，因此利用MATLAB 2016软件，根据（公式5.8）至（公式5.10）对数据进行编程处理，得到打分均值（结果详见表4-18）。对各类二级指标的算子得分分别进行归一化处理，得到二级指标体系的各主观权重，离差标准化转换函数为$x'=\frac{x-\min(x)}{\max(x)-\min(x)}$，计算结果见表5-11。

表5-11 多层级主观权重系数表

一级指标	权重值（λB）	二级指标	权重值（λC）（根据MA-OWA算子得分）
经济环境	0.0288	宏观经济指标波动	0.06
		项目所在地基本经济规模	0.22
		项目所在地经济增长速度	0.14
		项目所在地城市化程度	0.12
		项目所在地人均收入水平	0.21
		项目所在地政府债务规模和结构	0.25
市场环境	0.05328	项目所需相关资源的市场价格及未来波动情况	0.22
		项目地区人口规模	0.22
		项目地区市场自由度	0.27
		项目未来市场需求及稳定性（经济型项目）	0.29

续表

一级指标	权重值（λB）	二级指标	权重值（λC）（根据MA-OWA算子得分）
政治及政策环境	0.2953	PPP模式相关政策变动程度	0.20
		项目所在地政府诚信度	0.23
		项目所在地政府办事办公效率	0.19
		项目所在地政府相关PPP经验	0.12
		项目的公众支持度	0.14
		有关PPP模式的激励措施和优惠政策	0.12
项目基本特征	0.3769	项目的合法合规性	0.20
		项目是否入库	0.16
		项目入库级别	0.12
		项目投资收益率	0.18
		是否有可行的投融资方案	0.14
		PPP项目投资规模	0.08
		项目所在地政府对竞争限制的承诺	0.12
项目其他特征	0.1407	PPP项目是否符合公司战略	0.25
		项目公布了明确且合理的风险分担程序	0.33
		是否有明确的退出机制	0.23
		PPP项目受气候、地质条件和不可抗力自然灾害影响	0.19
企业自身能力	0.1049	项目运营维护能力	0.19
		企业的技术水平是否足以满足项目的技术要求	0.15
		公司对项目的管理能力	0.14
		核心技术及管理人员	0.14
		建设所需的主要的机械设备能力及资源的获取能力	0.17
		企业资金与经济实力	0.21

5.2 基于熵权法的群决策模糊综合评价

（1）模糊关系评价矩阵的建立

用数学的眼光看世界，可以将现象分为确定性现象、随机现象、模糊现象。其基本思想是，用属于程度代替属于或不属于（如“项目运营维护能力”的程度为0.8）。设所有可能出现的评语有m个，记作$V=\{v_1, \cdots, v_m\}$，称为评语集。例如，对于“项目运营维护能力”指标80%的评委认为是“好”，10%的评委认为是“一般”，10%的评委认为是“差”。则“项目运营维护能力”u_1的评价为：$V=\{0.8, 0.1, 0.1\}$。经典集合语言中只有两种情况，要么$x \in A$要么$x \notin A$，用特征函数$\chi_A(x) \to \{0, 1\}$表示：

$$\chi_A(x)=\begin{cases}1, & x \in A\\ 0, & x \notin A\end{cases}$$

而模糊集合语言：用隶属度函数$\mu A(x) \to [0, 1]$表示，它确定了x上的一个模糊集A。$\mu A(x)$越接近1，表明x属于A的程度越大。

通过专家评分对二级指标集$U=(U_1, U_2, \cdots, U_m)$进行打分，m为一级指标下的二级指标数目，并建立指标评语集$V=\{v_1, v_2, v_3, \cdots, v_p\}$，以底层指标进行模糊单评价。除此之外，评语集的构建可以如V=｛很好、好、较好、一般、较差、差、很差｝。本书为了简化相应的操作，设置评语集V=｛很好、好、一般、差、很差｝，对于定量指标，按照该指标的取值范围划分成若干段，按照该指标在取值范围内的区位情况由专家进行评分，并给予合适的评估值。

这里，设专家数目为s，第i个评价者对第j项指标的评价样本为x_{ij}，得到样本向量矩阵：

$$U=\begin{bmatrix}u_{11} & u_{12} & \cdots & u_{1n}\\ u_{21} & u_{22} & \cdots & u_{2n}\\ \vdots & \vdots & \ddots & \vdots\\ u_{s1} & u_{s2} & \cdots & u_{sn}\end{bmatrix}_{s\times m}=x_{ij}\ (i=1,2,\cdots,s;\ j=1,2,\cdots,m)$$

（2）群决策模糊综合评价方法

根据第2章的介绍，建立PPP项目投资决策模型的指标体系因素集 $U=(U_1, U_2, \cdots, U_m)$，以及所建立的评语集 $V=\{V_1, V_2, \cdots, V_5\}$，所有决策者分别对某一因素发表意见，就会得到一个模糊映射，所有因素的模糊映射形成模糊综合评价矩阵R。向所邀请的相关专家发放指标权重问卷调查表，专家根据某项目在因素 U_i 上进行评价并在相应的评语集 V_j 打勾（见表5-12），最终得到这样的表格。将汇总后的表格进行数据处理并求出各个评价级别的隶属度便可得到模糊综合评价矩阵。将得到的8份问卷收集进行汇总（见表5-13）。

表5-12　　项目评语集打分表

因素集	评语集			
	V_1	V_2	…	V_5
U_1	√			
U_2		√		
…				√
U_m		√		

表5-13　　评价汇总表

因素集	评语集			
	V_1	V_2	…	V_5
U_1	X_{11}	X_{12}	…	X_{15}
U_2	X_{21}	X_{22}	…	X_{25}
…	…	…	…	…
U_m	X_{m1}	X_{m2}	…	X_{m5}

从而得出模糊综合评价矩阵 $R=\begin{bmatrix}R_1\\R_2\\\vdots\\R_m\end{bmatrix}$，其中 R_i 代表针对因素 U_i 的单因素评价矩阵，且 $R_i=(r_{i1},r_{i2},\cdots,r_{i5})$，$r_{i1}$ 为模型第i个因素对第1级评价级别 V_1 的隶属度，并且 $r_{i1}=x_{i1}/t$，x_{i1} 为对因素 U_i 给出第1级评价的人数，t为决策者总人数。

（3）熵权向量的计算

相较于层次分析法、德尔菲法等主观赋权方法，以熵权法为代表的客观赋权法更具有客观性，能够对结果做出更好的解释，其利用样本信息之间的变异性来进行赋权，因此采用此方法的时候需要有部分样本量通过样本确定权值，在本书中即需要采集专家对实际样本的评价值计算指标熵权。

在得到模糊关系综合评价矩阵 $R=\begin{bmatrix}r_{11}&\cdots&r_{1n}\\\vdots&\ddots&\vdots\\r_{s1}&\cdots&r_{sn}\end{bmatrix}$，其中（i=1，2，…，n；j=1，2，…，m）后。结合利用MA-OWA算子得到的主观权重：$\Lambda_t=(\lambda_1,\lambda_2,\lambda_3,\cdots,\lambda_m)$。得到利用模糊算子计算出来的综合评价矩阵：

$$R_S=\Lambda_t\cdot R^T=(\lambda_1,\lambda_2,\lambda_3,\cdots,\lambda_m)\begin{bmatrix}r_{11}&\cdots&r_{1m}\\\vdots&\ddots&\vdots\\r_{51}&\cdots&r_{5m}\end{bmatrix}^T$$

获得综合评价矩阵以后，由于样本中某些指标（例如投资收益率）是越大越好，有些指标（例如气候、地质条件和不可抗力自然灾害影响）则是越小越好，因此在转换矩阵时不可一概而论，应当分为正极性指标和负极性指标。正极性指标是指效果样本测度中越大越好的因素，负极性指标是指效果样本测度中越小越好的因素。

正极性指标转化公式：

$$P_j^i=\frac{R_j^i}{\max_j R_j^i} \quad \text{（公式5.11）}$$

负极性指标转化公式：

$$P_j^i = \frac{\min_j R_j^i}{R_j^i} \qquad \text{（公式 5.12）}$$

其中（i=1，2，…，n；j=1，2，…，t），t为一级指标的个数。通过各种指标的转换公式，将效果样本测度转为效果测度，最终得到效果测度矩阵。

利用熵权法根据模糊算子计算出来的综合评价矩阵得到R矩阵$\{r_1, r_2, r_3, \cdots, r_t\}$的熵值：

$$e_j = -\frac{1}{\ln s}\sum_{i=1}^{s}\left(\frac{r_{ij}}{r_j}\ln\frac{r_{ij}}{r_j}\right) \qquad \text{（公式 5.13）}$$

$$r_j = \sum_{i=1}^{s} r_{ij}\ (j = 1, 2, \cdots, n) \qquad \text{（公式 5.14）}$$

令

$$E = \sum_{j=1}^{N} e_j,\ b_j = \frac{1}{n - E}(1 - e_j) \qquad \text{（公式 5.15）}$$

则得到各指标的熵权向量：

$$B_t = (b_1, b_2, \cdots, b_t)$$

结合通过群组AHP法得到的一级指标的主观权重：

$$W_1 = (w_1, w_2, \cdots, w_t), 0 \leqslant w_j \leqslant 1, \sum_{j=1}^{n} w_j = 1$$

其中：$b_j \geqslant 0$，$\lambda_j \leqslant 1$，$\sum b_j = 1$，$\sum \lambda_j = 1$。

令

$$W'_j = \frac{b_j w_j}{\sum_{j=1}^{t} b_j w_j} \qquad \text{（公式 5.16）}$$

可得指标组合权重：

$$W' = (w'_1, w'_2, \cdots, w'_t),\ 0 \leqslant w_j \leqslant 1,\ \sum_{j=1}^{n} w'_j = 1$$

结合经过正负极性转换的综合评价矩阵P，得到项目的最终评价值：

$$V = W' \cdot P = (w'_1, w'_2, \cdots, w'_t) \cdot (p_1, p_2, \cdots, p_t) \qquad \text{（公式 5.17）}$$

5.3 PPP项目投资模型的运作流程

参考前文的建筑企业PPP项目的投资决策流程，本书模型的运作流程如图5-3所示。

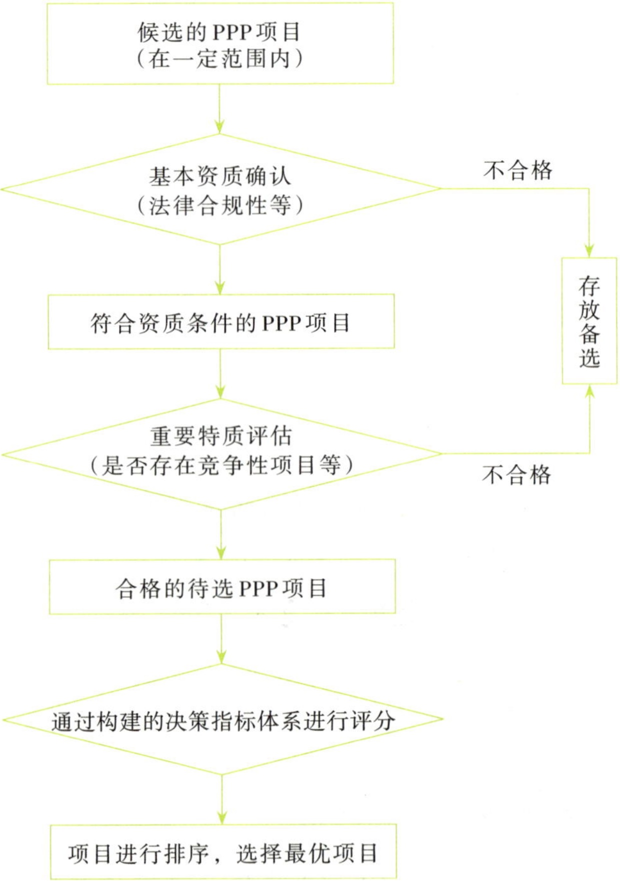

图5-3 PPP项目投资决策模型的运行流程

①从市场、政府官方网站等渠道获取PPP项目招标情况，并进行收集与整理。为了在激烈的竞争当中取得中标的优势，应当在项目竞标的

前期便做好大量的调查研究准备。对相关历史资料进行深入系统的研判，了解项目目标和具体建设细节。

②对项目运营的合法合规性进行确认，例如，是否存在违反规定操作的情况，一则PPP项目所参与主体是否适格，包括政府实施机构以及社会资本方是否适格，项目的适用领域、运作方式以及合作期限是否合规，包括是否属于公共产品或者公共服务领域，运作方式是否合规，合作期限的规定是否不低于10年，是否存在回购安排、明股实债等变相融资行为。第二、项目实施程序是否合法合规，是否符合城市总体规划和各类项目规划，新建项目是否依照相关程序完成了可行性研究、项目立项等前期工作，是否按照相关规定完成物有所值评价以及财政承受能力论证，是否按照政府采购的相关规定选择社会资本合作方，实施方案是否经过政府审批。是否存在政府方回购社会资本方投资本金、兜底本金损失、对固定收益的承诺，政府方是否为项目的债务提供各类担保以及承担债务还本付息责任、以债务性资金充当项目资本金，政府方付费是否与土地收益挂钩、以违规配置资源等形式补偿社会资本方等违规行为。

③对项目的一些重要特征进行初筛，例如，政府是否承诺在一定期限内不在一定范围内建设竞争性项目；项目是否入库以及面临调整财政承受能力论证和被清理退出PPP项目库的风险；通信、供电、供水等方面的风险；包括因被拆迁主体的原因无法按时供地、政府方履约不力而导致无法按时供地、建设用地涉及了基本农田而导致征收进度严重缓慢等情况在内的土地使用权取得的不确定性和权属纠纷等。政府对唯一性保障是项目收益保持稳定的重要因素。同时应对项目所在地政府履约意愿及能力进行摸查，对于政府信用较差地区的PPP项目的评估应当更加谨慎，考虑转移政府方的风险是否在体制约束范围之内。同时，对项目投资收益情况做出科学判断，在了解合同规定各类投资报酬数据的同时，系统调查这些投资回报在实际情况中是否具有可行性。除此之外，

地方财政部门由于财政实力受到限制，为了确保可研立项通过，在该阶段刻意压低可研预算从而导致项目投资不足也是PPP项目的重要风险之一。

④对进入候选区的项目，按照模型的指标体系由数位专家在充分了解项目资料和完成实地调研工作、与相关方咨询和讨论的前提下，对项目的各指标表现情况在考虑社会资本方自身素质的前提下进行专业的评估打分，结合指标体系的权重计算项目的综合评价值和排序情况，选择最优项目。

第6章 基于群决策理论的SJ公司PPP项目投资决策模型的应用

第4章和第5章已基本建立起PPP项目投资选择两阶段模型，构建了模型的指标体系，并获取了通用指标体系的主观权重。本章将结合SJ公司5个具体的PPP项目对模型的合理性和可操作性进行检验。

6.1 项目简介

本书选取的是SJ公司已投资和拟投资的A、B、C、D、E五个项目，这5个项目周期接近，经营性质都为经营性或准经营性等，并且都由投资单位直接出资。对项目的评价则根据项目物有所值评价报告、项目财政承受能力评估报告、工程可行性研究报告，以及对一些基础数据的收集和8位来自SJ公司财务部、投资发展部、法律合规部等部门，并且参与过这些项目讨论或研究的专家对某些定性的指标进行的打分评价。

基于案例A、B、C、D、E项目的可行性研究报告和前期调研及内部资料，使用已构建的PPP项目决策因素评价体系，请专家根据案例A、B、C、D、E项目的实际情况进行打分评价，确定每个指标综合效果测度值。

6.1.1　A项目简介

A项目为地下综合管廊项目，项目所在地JD市2015年全年实现生产总值772.06亿元，比上年增长8.6%，人均国民生产总值达47 062元。全市财政总收入111.56亿元，比上年增长9.9%；一般公共预算收入90.59亿元，比上年增长10.3%，全市一般公共预算支出完成173亿元，比上年增长15.8%。该市投资环境良好，拟建PPP项目符合国家政策导向支持。SJ公司与该项目所在地地方政府长期保持着良好的合作关系。经调研，项目的市场条件、资源条件、技术条件、环境条件、社会条件、施工条件以及外部配套条件等相对较好，法律合规性条件齐备。

该项目将会在PPP项目合同中拟定违约罚则，将及时、足额支付作为重要的合作基础，并作为政府方的主要义务之一。若政府方出现支付不及时等违约情况，则政府方自应付之日起，以未付款项为基数，除按合同约定应计的融资费用外，还须按日万分之三的比率计算违约金支付给PPP项目公司，直至PPP项目公司收到全部应收款项为止。PPP项目公司通过使用者付费和可行性缺口补助两种方式取得收入，自有资金税后财务内部收益率13.73%，自有资金静态回收期3.95年。SJ公司专家认为本项目的实施将提升SJ公司在综合管廊投资、建设、运营方面的业绩，进一步提高市场影响力，带动区域市场滚动发展；而且，该项目投入10%资本金，获得整个项目的施工总承包权，充分发挥了资金杠杆效应。但是综合管廊PPP项目合作周期长（25年），投资回报率低，可能导致财务指标难以满足上级公司的决策要求。在政策优惠方面，该市为国家地下综合管廊试点城市，有配套政策支持，可获得国家专项补贴资金，且项目有明确的退出机制和融资方案，也纳入了财政部PPP项目库。但由于合作时间较长，因此存在一定的支付风险以及政策变动风险。

在筹资方面，项目建设期2年，运营期23年，项目总投资约24.01亿元，资本金比例为20%，约4.8亿元（其中注册资本1 000万元），由各股东按股比出资。

产业基金出资中，由SJ公司和ZTJX基金各认购10%劣后份额，基金年使用成本为6.5%，SJ公司出资由其自行解决。中央财政给予本项目专项资金补助9亿元，根据实施方案，补助资金到位后，将直接用于项目建设，减少项目债务融资。除资本金以外的10.21亿元，以项目公司为主体，通过银行贷款解决，根据工程进度分期投入，SJ公司不提供融资担保，不合并财务报表。实施机构已就本项目与某金融机构形成贷款意向，贷款利率较为优惠。

JD市生产总值与财政状况见表6-1，A项目财务指标见表6-2。

表6-1 JD市生产总值与财政状况表 单位：亿元

年度	全市生产总值	财政总收入	一般公共预算收入	一般公共预算支出
2015	772.06	111.56	90.59	173
2014	738.21	101.52	82.15	149.5
2013	680.28	92.62	73.77	135.3

表6-2 A项目财务指标统计表

序号	指标名称	指标值	备注
1	项目全投资税后财务内部收益率	6.64%	
2	项目全投资财务净现值（万元）	1 8163	
3	项目全投资静态回收期（年）	13.4	
4	自有资金税后财务内部收益率	13.73%	
5	自有资金财务净现值（万元）	37 387	
6	自有资金静态回收期（年）	3.95	

6.1.2 B项目简介

B项目同样为地下综合管廊项目，2015年，项目所在地SG市完成生产总值6 103.10亿元，财政总收入574.60亿元，一般公共预算收入335亿元，一般公共预算支出592.30亿元。该项目所在地生产总值常年稳居省第一名，具有广阔的市场前景。公司与当地国有建筑企业一起组成联合体和政府方进行了多次谈判协商，具有良好的合作基础。本项目作为该市第一个综合管廊PPP项目示范作用明显，顺利实施后将起到较强的引领和带动作用。另外，政府方同意将本项目可行性缺口补助纳入年度财政预算及中长期财政规划并形成人大决议，使项目投资回收有充分保障，并且符合公司发展战略。

项目的施工利润率12%，建设期1年，运营期19年，总投资8.2亿元。公司经评审后给出的结论是：（1）若本项目成功实施，将提高区域内对SJ公司运作PPP项目能力的认同，提升公司在该市场的影响力，提升公司品牌形象，获得更多的合作机会和更好的发展机遇。（2）项目资金杠杆效应明显，且项目所在地经济较为发达，政府履约诚信度较高，资金回收有保障。（3）应加强项目施工利润率测算审核，注重风险分析与防范，落实政府付费纳入财政预算的人大决议及相关违约罚则条款事宜。

SG市作为重要的工业城市，一大批基础设施建设项目正在拉开序幕。特别是在城市综合管廊建设上，将于2016—2020年启动26.38千米管廊建设，市场前景广阔。

资金筹措方案如下：项目资本金占总投资的20%、约1.64亿元，全部为项目公司注册资本，由各股东按股比出资；其中：政府方出资代表出资20%、0.33亿元，SJ公司出资10%、0.16亿元，ZTMT基金出资70%、1.15亿元。ZTMT基金出资中公开募集部分资金成本为6%/年，SJ公司需认购基金出资部分25%（0.23亿元）的平层份额。剩余资金以项目公司为主体，通过银行贷款解决，根据工程进度分期投入，SJ公司不提供融资担保，不合并财务报表。

SG市生产总值与财政状况见表6-3，B项目财务指标统计见表6-4。

表6-3 SG市生产总值与财政状况表 单位：亿元

年度	全市生产总值	财政总收入	一般公共预算收入	一般公共预算支出
2015	6 103.10	574.60	335.00	592.30
2014	6 225.30	566.55	323.75	524.66
2013	6 121.21	575.09	318.42	497.18

表6-4 B项目财务指标统计表

序号	指标名称	指标值	备注
1	项目全投资税后财务内部收益率	6.61%	
2	项目全投资财务净现值（万元）	9 328	
3	项目全投资静态回收期（年）	10.95	
4	自有资金税后财务内部收益率	13.14%	
5	自有资金财务净现值（万元）	3 410	
6	自有资金静态回收期（年）	10.95	

6.1.3 C项目简介

C项目为海绵城市项目，CZ市是中国第一个国家级生态经济示范区，生态是该市最大品牌、最大优势。本项目是国家级海绵城市试点项目，SJ公司通过参与海绵城市的投资建设，既拓宽了企业投资领域，也扩大了在PPP投资领域的市场影响力。该市于2015年评为国家首批海绵城市试点城市，得到了中央财政给予的专项资金补助，连续3年，每年补助4亿元，对采用PPP模式达到一定比例的，还将按补助基数奖励10%，政策奖励与政府补贴丰厚。

2015年全市生产总值为544.74亿元，同比增长8.5%，人均生产总值达到37 931元；财政收入95.80亿元，同比增长4%；财政总支出为143.30亿元，同比增长3.2%。尽管该市非一二线城市，财政收入相对不高，存在一定的支付风险，但该市近几年经济发展迅速，财政收入逐年增长，市政府承诺将本项目中的政府付费纳入市中长期财政规划和跨年度财政预算。由于海绵城市项目符合国家发展规划和政策指引，同时该项目还得到了中央财政的专项资金补助，连续3年，每年补助4亿元，对采用PPP模式达到一定比例的，还将按补助基数奖励10%。因此，政府支付能力得到了较为有力的保障。项目施工利润率为14%，建设期2年，运营期10年，总投资12.3亿元。SJ公司先前在类似海绵城市市场领域并未得到良好的拓展，投标该项目有利于SJ公司继续巩固其在区域市场的地位，并进一步拓展海绵城市新兴市场。该项目满足SJ公司及其上级公司投资项目的各项决策指标，且能带来较好的投资收益，但社会资本方在项目运营期满后才能实现退出。

资金筹措方案如下：项目资本金为总投资的20%、约2.46亿元，各股东方按照约定的股权比例，于项目公司注册成立后的10个工作日内一次性全部注入，政府方出资代表出资20%、0.49亿元，SJ公司用自有资金出资80%、1.97亿元，剩余资金以项目公司为主体，通过银行贷款解决，根据工程进度分期投入，SJ公司不提供融资担保。

CZ市生产总值与财政状况表见表6-5，C项目财务指标统计见表6-6。

表6-5　　CZ市生产总值与财政状况表　　单位：亿元

年度	全市生产总值	财政总收入	一般公共预算收入	一般公共预算支出
2015	544.74	95.8	71.30	143.30
2014	517.17	92.1	68.44	138.50
2013	462.25	83.6	65.14	130.68

表6-6　　C项目财务指标统计表

序号	指标名称	指标值	备注
1	项目全投资财务内部收益率	7.01%	> 7%
2	项目自有资金财务内部收益率	16.2%	> 12%
3	项目全投资财务净现值（万元）	12 832	
4	自有资金财务净现值（万元）	16 764	
5	项目全投资动态回收期（年）	10.87	
6	自有资金动态回收期（年）	8.72	

6.1.4　D项目简介

D项目为高速公路项目，投资总规模约为110亿元，建设期2年，最长运营时间为25年。尽管项目所在地是沿海省份，但是2014年该市生产总值仅占全省的不到1.64%，与其他地区存在着巨大差距。受主、客观因素影响，该区域长期以来交通基础设施落后，经济发展受交通运输条件“瓶颈”作用制约，外来投资少。但2013年7月该市政府批复成立市交通投资建设有限公司，在省管高速公路建设项目中按照7：3的省市比例出资。新投资主体的组建可解决政府还贷高速公路项目业主角色缺位问题，能解决政府还贷高速公路项目统筹管理事项，能较好地理顺交通管理体制，解决高速公路等交通运输建设项目筹融资问题，促进交通运输事业发展，加速区域旅游资源开发整合，推动项目沿线生态旅游业发展。

另外，本项目的建设优化和完善了国家高速路网，使区域内新增南下通道。经过项目实地调研，并结合近几年公路观测数据及高速公路通行车辆出行信息数据分析评估，本项目在特许经营期（收费期）内的运营收益完全能够覆盖投资建设成本，并能取得较为可观的长期稳定收益。但是，该项目融资金额较大、时间长、成本高，存在项目融资能否及时、足额到位的风险，融资结构和融资费率的高低直接影响项目收益大小。而且，对于车流量的预测也存在不确定性，可能会产生一定偏差。但SJ公司在高速公路建设领域有着丰富的经验和精湛的技术水平，并且该项目是该市“十三五规划”的重点实施项目，政府重视程度高，优惠政策多，政府为保障项目顺利建设运营做出竞争性项目限制的保证，并承诺在该连接线建成通车后，加快相应周边路网的接驳，提高本条连接线的道路通行能力，增加转移车流量。在优惠政策方面，若本项目运营期间不能实现还本付息，政府方鼓励项目投资人通过参加招、拍、挂活动参与沿线土地资源的开发利用，在合法合规的基础上，在同等条件下享有优先权与一定的优惠政策。同时经营期内若项目公司未能收回投资成本，政府方同意按照国家相关规定采取相应延长收费期等措施保障社会资本方成本和收益回收。

资金筹措方案如下：项目公司注册资金5.5912亿元（占项目资本金的20%），其中政府方代表出资1.6774亿元（30%），中标社会资本方出资3.9138亿元（70%）。除上述项目公司注册资金外，股东各方还需根据所占股权比例补充项目资本金22.3648亿元，其中政府方代表出资6.7094亿元（30%），中标联合体出资15.6554亿元（70%）。

GS市生产总值与财政状况见表6-7，D项目财务指标统计见表6-8。

表6-7 GS市生产总值与财政状况表 单位：亿元

年度	全市生产总值	财政总收入	一般公共预算收入	一般公共预算支出
2015	1 010.07	259.31	85.23	168.32
2014	1 113.49	246.86	82.01	197.18
2013	1 149.98	215.14	71.78	287.07

表6-8 D项目财务指标统计表

序号	指标名称	指标值	说明
1	总投资收益率	7.36%	
2	全投资内部收益率	7.66%	大于7%
3	项目公司资本金投资内部收益率	13.37%	大于10%
4	财务净现值（万元）	386 287	大于0（万元）
5	静态投资回收期（年）	18.62	含建设期
6	税后净利润（万元）	1 231 536	

6.1.5 E项目简介

E项目为地下综合管廊项目，2015年该市常住人口236万人，比上年年末增长0.9万人，城镇化水平达到了46.9%。2015年全年地区生产总值为876.6亿元，卷烟产业为当地核心产业，占全市生产总值的39.4%。自SJ公司进入该基建市场以来，成功参建了多个大型项目，树立了良好的品牌形象，与当地政府、行业主管部门、业主单位等建立了良好的合作关系。企业强大的资金实力和管理水平得到了社会各界的高度评价，进一步提升了SJ公司的企业信誉和品牌形象。市政府同意出具经人大批复的将使用者付费和政府可用性服务费纳入跨年度财政预算及中长期财政规划相关文件，为本项目实施提供了有力的保障。作为省地下综合管廊建设试点城市之一，YX市政府对综合管廊项目重视程度很高，出台了相应的支持性法规和政策文件，并成立了由市领导担任组长联合多部门的领导小组牵头研究制定地下综合管廊建设相关政策制度和保障措施，并已具备解决建设地下综合管廊主要问题的方案，包括规划编制、政策制定、资金筹措和管廊技术等方面。该城市发展势头较好，但因为中心城区各排水管网技术资料不全，再加上排水系统老化，施工难度会相对更高。

资金筹措方案如下：项目资本金为总投资的30%、约10.04亿元，由各股东按股权比例出资。产业基金出资部分资金年成本为6%，SJ公司购买20%平层份额、约1.41亿元。SJ公司出资所需资金由其自行解决。

YX市生产总值与财政状况见表6-9，E项目财务指标统计见表6-10。

表6-9 YX市生产总值与财政状况表 单位：亿元

年度	全市生产总值	财政总收入	一般公共预算收入	一般公共预算支出
2015	1 245.70	506.31	124.82	223.30
2014	1 184.70	487.8	113.59	207.31
2013	1 102.50	448.3	106.00	186.30

表6-10 E项目财务指标统计表

序号	指标名称	评价指标值	备注
1	项目全投资税后财务内部收益率	7.42%	＞7%
2	项目全投资回收期（年）	11.22	
3	项目全投资财务净现值（万元）	6 664	IC=7%
4	自有资金税后财务内部收益率	14.85%	＞12%
5	自有资金回收期（年）	8.04	
6	自有资金财务净现值（万元）	6 530	IC=12%

在满足了合法合规性的前提下，项目的其他信息见表6-11。

表6-11 其他信息统计表

项目信息	A项目	B项目	C项目	D项目	E项目
SJ公司是否出资	是	是	是	是	是
SJ公司承担投融资义务	是	是	是	是	是
所占项目公司注册资本金份额	95%	10%	80%	67%	43%
债务融资规模（亿元）	10.21	2.4641	11.5	83.8681	23.436
债权端是否落地	否	否	否	否	否
股权融资规模（亿元）	4.8	1.6428	0.8	27.956	10.044
股权端是否落地	是	否	是	是	否
项目性质	准经营项目	准经营项目	非经营项目	经营项目	准经营项目

6.2 基于熵权法的群决策模糊综合评价应用

6.2.1 专家选取及指标评分表单设计

（1）专家选取

2018年5—6月，我们在SJ公司选择8名经验丰富的PPP业务专家对指标评分表进行打分。每位接受访谈的专家均具备以下特征：①至少具备5年以上PPP项目参与经验，并参与过多个PPP项目投资决策的讨论环节；②均为SJ公司法规部、财务部、投资发展部、投资公司、运营公司、项目公司负责人或高级专家。专家基本情况见表6-12。

表6-12 专家基本情况

序号	公司类型	部门	职称	参与PPP项目的次数
专家E1	集团公司	投资发展部	教授级高级经济师	9
专家E2	集团公司	财务部	高级会计师	9
专家E3	集团公司	法律合规部	高级经济师	9
专家E4	投资公司	财务部	高级会计师	8
专家E5	投资公司	建管部	高级工程师	7
专家E6	运营公司	风控部	高级会计师	6
专家E7	项目公司	总经理	高级工程师	6
专家E8	项目公司	财务总监	高级会计师	6

为了保证每位专家能够表达真实的意见，我们承诺采用匿名形式记录和发布访谈信息。

（2）指标评分表单设计

为了便于评选和统计，通常将这些指标制成表格形式。本书采用十分制评分，对评价体系中经过筛选后的33个指标进行评分，评分标准见表6-13，填表方式简单易行。设计好表格之后，还要准备本次评定的背景材料、因素含义、调查目的及填表方法等说明资料，以备专家明确调查表中项目的含义、要求，便于各专家准确表达自己的评价意见。然后将设计好的意见征询表及有关资料送给所选专家，确保专家在互不通气、互不见面、不受任何心理影响的情况下，各自就征询表中的问题进行打分。

表6-13　评分标准

等级（区间）	定量指标（分）	定性指标（分）	评语集
1	9~10	9~10	优
2	7~8	7~8	良
3	5~6	5~6	一般
4	3~4	3~4	较差
5	1~2	1~2	很差

6.2.2 指标得分结果收集和整理

根据8位专家针对各个项目所给出的评分结果，整理得到指标得分结果（见表6-14至表6-18）。

表6-14　A项目综合表现评价表

一级指标	二级指标＼专家	E1	E2	E3	E4	E5	E6	E7	E8
经济环境	宏观经济指标及波动	10	8	8	8	8	8	8	8
	项目所在地基本经济规模	6	8	6	6	8	6	6	6
	项目所在地经济增长速度	8	8	8	8	8	8	8	8
	项目所在地城市化程度	6	8	6	6	6	4	6	8
	项目所在地人均收入水平	6	6	6	6	6	6	6	6
	项目所在地政府债务规模和结构	6	6	8	10	8	6	6	8
市场环境	项目所需相关资源的市场价格及未来波动情况	8	8	10	8	8	8	6	6
	项目所在地人口规模	8	8	6	6	8	8	8	6
	项目所在地市场自由度	8	8	4	8	6	8	10	8
	项目未来市场需求及波动情况	8	6	8	10	10	6	8	8

续表

一级指标	二级指标＼专家	E1	E2	E3	E4	E5	E6	E7	E8
政治及政策环境	PPP模式相关政策变动程度	8	8	8	8	8	8	8	8
	项目所在地政府诚信度	8	8	6	6	8	6	4	6
	项目所在地政府办事办公效率	8	8	6	8	8	6	4	8
	项目所在地政府相关PPP经验	8	8	6	6	10	6	8	6
	项目的公众支持度	9	8	9	9	8	8	8	8
	地方政府出台的有关PPP模式的激励措施和优惠政策	8	8	8	6	6	8	6	8
PPP项目基本特征	项目的合法合规性	8	8	8	8	8	8	8	8
	项目是否入库	8	8	8	8	8	8	8	8
	项目入库级别	8	8	8	8	6	8	8	8
	项目投资规模	8	6	7	9	8	8	9	8
	项目投资收益率	8	8	8	8	8	8	8	8
	是否有可行的投融资方案	8	7	8	7	9	8	8	8
	项目所在地政府对竞争限制的承诺	8	9	7	8	8	10	9	8
PPP项目其他特征	PPP项目是否符合公司战略	9	10	8	8	9	8	10	8
	项目有明确且合理的风险分担程序	8	8	10	8	8	8	10	8
	项目容易受到气候和不可抗力等自然灾害的影响	8	8	7	8	7	6	10	8
	是否有明确的退出机制	8	8	8	8	8	8	6	8

续表

一级指标	二级指标＼专家	E1	E2	E3	E4	E5	E6	E7	E8
企业自身能力	项目运营维护能力	8	8	10	8	10	8	10	8
	企业的技术水平是否足以满足项目的技术要求	8	10	8	10	6	10	8	10
	公司对项目的管理能力	8	10	10	8	8	8	10	10
	核心技术及管理人员	10	10	10	8	8	8	8	8
	建设所需的主要的机械设备能力及资源的获取能力	8	8	8	6	10	8	8	8
	企业资金与经济实力	8	6	8	8	8	7	6	8

表6-15　B项目综合表现评价表

一级指标	二级指标＼专家	E1	E2	E3	E4	E5	E6	E7	E8
经济环境	宏观经济指标及波动	9	8	9	10	7	7	9	8
	项目所在地基本经济规模	10	9	8	9	10	9	10	10
	项目所在地经济增长速度	8	8	8	8	8	8	8	8
	项目所在地城市化程度	9	10	9	9	10	9	10	9
	项目所在地人均收入水平	9	8	10	9	10	10	9	9
	项目所在地政府债务规模和结构	8	7	8	10	8	9	8	9
市场环境	项目所需相关资源的市场价格及未来波动情况	8	10	9	7	8	8	8	6
	项目所在地人口规模	9	9	10	8	9	10	8	9
	项目所在地市场自由度	8	9	8	7	9	10	9	8
	项目未来市场需求及波动情况	8	7	8	8	7	9	7	8

续表

一级指标	专家 二级指标	E1	E2	E3	E4	E5	E6	E7	E8
政治及政策环境	PPP模式相关政策变动程度	8	8	8	8	8	8	8	8
	项目所在地政府诚信度	8	9	7	7	8	9	5	6
	项目所在地政府办事办公效率	8	8	8	9	7	8	6	9
	项目所在地政府相关PPP经验	8	8	9	9	8	7	8	7
	项目的公众支持度	10	8	10	10	8	10	10	8
	地方政府出台的有关PPP模式的激励措施和优惠政策	8	8	9	8	8	8	7	8
PPP项目基本特征	项目的合法合规性	8	8	8	8	8	8	8	8
	项目是否入库	8	8	8	8	8	8	8	8
	项目入库级别	8	8	8	8	6	8	8	8
	项目投资规模	9	8	8	9	8	8	9	8
	项目投资收益率	7	7	7	7	7	7	7	7
	是否有可行的投融资方案	8	9	8	9	8	9	8	7
	项目所在地政府对竞争限制的承诺	8	8	7	8	8	9	8	9
PPP项目其他特征	PPP项目是否符合公司战略	10	9	8	9	10	7	9	8
	项目有明确且合理的风险分担程序	8	10	10	8	8	8	10	8
	项目容易受到气候和不可抗力等自然灾害的影响	8	8	9	8	8	8	9	7
	是否有明确的退出机制	8	8	8	8	8	8	6	8

续表

一级指标	二级指标 \ 专家	E1	E2	E3	E4	E5	E6	E7	E8
企业自身能力	项目运营维护能力	10	9	10	8	9	8	9	7
	企业的技术水平是否足以满足项目的技术要求	8	8	8	9	8	8	8	9
	公司对项目的管理能力	8	10	10	8	8	8	10	10
	核心技术及管理人员	10	10	10	8	8	8	8	8
	建设所需的主要的机械设备能力及资源的获取能力	8	9	8	8	9	8	7	8
	企业资金与经济实力	8	7	7	8	8	10	9	7

表6-16　C项目综合表现评价表

一级指标	二级指标 \ 专家	E1	E2	E3	E4	E5	E6	E7	E8
经济环境	宏观经济指标及波动	10	8	8	8	8	8	8	8
	项目所在地基本经济规模	6	6	7	7	8	7	6	6
	项目所在地经济增长速度	8	8	8	8	8	8	8	8
	项目所在地城市化程度	6	7	6	6	6	6	6	7
	项目所在地人均收入水平	6	6	6	6	6	6	6	6
	项目所在地政府债务规模和结构	7	6	8	8	7	6	6	7
市场环境	项目所需相关资源的市场价格及未来波动情况	8	8	10	8	8	8	6	6
	项目所在地人口规模	7	6	7	8	7	8	7	6
	项目所在地市场自由度	7	7	6	7	5	8	10	8
	项目未来市场需求及波动情况	8	7	8	9	9	8	7	7

续表

一级指标	专家 二级指标	E1	E2	E3	E4	E5	E6	E7	E8
政治及政策环境	PPP模式相关政策变动程度	8	8	8	8	8	8	8	8
	项目所在地政府诚信度	8	8	9	9	8	9	10	8
	项目所在地政府办事办公效率	9	8	9	10	8	9	10	8
	项目所在地政府相关PPP经验	8	8	7	9	10	7	8	8
	项目的公众支持度	10	8	10	10	8	10	10	8
	地方政府出台的有关PPP模式的激励措施和优惠政策	8	9	8	7	6	8	8	9
PPP项目基本特征	项目的合法合规性	9	9	9	9	9	9	9	9
	项目是否入库	8	8	8	8	8	8	8	8
	项目入库级别	8	8	8	8	8	8	8	8
	项目投资规模	8	8	9	10	8	8	9	7
	项目投资收益率	10	10	10	10	10	10	10	10
	是否有可行的投融资方案	8	10	7	9	10	7	9	9
	项目所在地政府对竞争限制的承诺	9	9	8	10	9	8	9	8
PPP项目其他特征	PPP项目是否符合公司战略	10	9	8	7	9	8	9	8
	项目有明确且合理的风险分担程序	8	10	9	7	8	9	10	9
	项目容易受到气候和不可抗力等自然灾害的影响	8	7	9	8	7	9	10	7
	是否有明确的退出机制	8	8	8	8	8	8	6	8

续表

一级指标	二级指标 \ 专家	E1	E2	E3	E4	E5	E6	E7	E8
企业自身能力	项目运营维护能力	8	8	10	8	10	8	10	8
	企业的技术水平是否足以满足项目的技术要求	8	9	8	9	7	10	8	8
	公司对项目的管理能力	8	9	10	7	8	8	9	10
	核心技术及管理人员	9	9	7	8	9	8	9	8
	建设所需的主要的机械设备能力及资源的获取能力	8	8	8	7	9	8	8	8
	企业资金与经济实力	8	7	8	9	7	10	8	9

表6-17 D项目综合表现评价表

一级指标	二级指标 \ 专家	E1	E2	E3	E4	E5	E6	E7	E8
经济环境	宏观经济指标及波动	8	8	7	9	8	8	8	8
	项目所在地基本经济规模	7	8	8	9	8	7	7	8
	项目所在地经济增长速度	8	8	8	8	8	8	8	8
	项目所在地城市化程度	7	8	7	7	8	6	7	8
	项目所在地人均收入水平	7	7	7	7	7	7	7	7
	项目所在地政府债务规模和结构	7	8	8	9	7	8	8	9
市场环境	项目所需相关资源的市场价格及未来波动情况	9	8	9	7	9	7	8	9
	项目所在地人口规模	8	8	7	9	7	7	7	8
	项目所在地市场自由度	8	8	4	8	6	8	10	8
	项目未来市场需求及波动情况	8	6	8	10	10	6	8	8

续表

一级指标	专家 二级指标	E1	E2	E3	E4	E5	E6	E7	E8
政治及政策环境	PPP模式相关政策变动程度	8	8	8	8	8	8	8	8
	项目所在地政府诚信度	8	8	9	9	7	8	8	9
	项目所在地政府办事办公效率	7	8	8	9	9	8	9	7
	项目所在地政府相关PPP经验	8	8	7	7	9	8	8	8
	项目的公众支持度	10	8	10	10	8	10	10	8
	地方政府出台的有关PPP模式的激励措施和优惠政策	8	8	9	7	6	8	7	8
PPP项目基本特征	项目的合法合规性	8	8	8	8	8	8	8	8
	项目是否入库	8	8	8	8	8	8	8	8
	项目入库级别	8	8	8	8	8	8	8	8
	项目投资规模	8	7	8	9	7	8	8	7
	项目投资收益率	8	8	8	8	8	8	8	8
	是否有可行的投融资方案	8	8	9	8	9	8	9	8
	项目所在地政府对竞争限制的承诺	9	9	8	9	8	10	9	9
PPP项目其他特征	PPP项目是否符合公司战略	9	10	9	8	10	9	10	8
	项目有明确且合理的风险分担程序	9	10	10	8	8	9	9	8
	项目容易受到气候和不可抗力等自然灾害的影响	8	9	10	8	8	8	10	8
	是否有明确的退出机制	8	8	8	8	8	8	8	8

续表

一级指标	二级指标＼专家	E1	E2	E3	E4	E5	E6	E7	E8
企业自身能力	项目运营维护能力	9	8	10	7	10	9	8	9
	企业的技术水平是否足以满足项目的技术要求	8	10	8	10	6	10	8	10
	公司对项目的管理能力	8	10	10	8	8	8	10	10
	核心技术及管理人员	10	10	10	8	8	8	8	8
	建设所需的主要的机械设备能力及资源的获取能力	8	8	8	7	8	9	8	10
	企业资金与经济实力	8	7	8	9	8	10	7	9

表6-18 E项目综合表现评价表

一级指标	二级指标＼专家	E1	E2	E3	E4	E5	E6	E7	E8
经济环境	宏观经济指标及波动	8	9	8	9	8	8	8	8
	项目所在地基本经济规模	7	8	8	9	8	8	7	7
	项目所在地经济增长速度	8	8	8	8	8	8	8	8
	项目所在地城市化程度	7	7	7	8	6	6	6	8
	项目所在地人均收入水平	6	6	6	6	6	6	6	6
	项目所在地政府债务规模和结构	7	8	8	9	8	7	7	9
市场环境	项目所需相关资源的市场价格及未来波动情况	9	8	9	8	7	9	7	7
	项目所在地人口规模	7	8	6	8	7	8	8	6
	项目所在地市场自由度	8	8	6	8	7	8	10	8
	项目未来市场需求及波动情况	8	7	8	9	10	7	8	8

续表

一级指标	专家 二级指标	E1	E2	E3	E4	E5	E6	E7	E8
政治及政策环境	PPP模式相关政策变动程度	8	8	8	8	8	8	8	8
	项目所在地政府诚信度	9	8	7	8	8	9	8	9
	项目所在地政府办事办公效率	8	8	9	8	10	9	9	8
	项目所在地政府相关PPP经验	8	8	7	9	10	8	8	9
	项目的公众支持度	10	8	10	10	8	10	10	8
	地方政府出台的有关PPP模式的激励措施和优惠政策	8	9	8	9	8	8	9	8
PPP项目基本特征	项目的合法合规性	8	8	8	8	8	8	8	8
	项目是否入库	8	8	8	8	8	8	8	8
	项目入库级别	8	8	8	8	8	8	8	8
	项目投资规模	8	8	7	9	9	8	9	9
	项目投资收益率	8	8	8	8	8	8	8	8
	是否有可行的投融资方案	8	10	8	9	9	9	8	8
	项目所在地政府对竞争限制的承诺	9	9	8	8	9	10	9	8
PPP项目其他特征	PPP项目是否符合公司战略	10	10	9	9	10	8	10	8
	项目有明确且合理的风险分担程序	9	9	10	9	8	8	10	9
	项目容易受到气候和不可抗力等自然灾害的影响	9	8	10	7	7	8	10	9
	是否有明确的退出机制	8	8	8	8	8	8	8	8

续表

一级指标	二级指标＼专家	E1	E2	E3	E4	E5	E6	E7	E8
企业自身能力	项目运营维护能力	9	9	10	8	10	8	10	8
	企业的技术水平是否足以满足项目的技术要求	8	9	7	8	8	7	8	9
	公司对项目的管理能力	8	9	8	9	8	8	9	8
	核心技术及管理人员	9	9	8	7	9	7	9	8
	建设所需的主要的机械设备能力及资源的获取能力	8	7	8	8	9	8	7	8
	企业资金与经济实力	8	7	9	8	9	10	8	7

6.2.3 单个项目的投资决策

利用MATLAB软件根据每个等级的专家打分人数占总数的百分比计算各个指标的隶属度，得到各个项目各项一级指标模糊隶属度矩阵如下：

A项目一级指标隶属度矩阵：

经济环境：

$$\begin{bmatrix} 0.125 & 0.855 & 0 & 0 & 0 \\ 0 & 0.25 & 0.73 & 0 & 0 \\ 0 & 1 & 0 & 0 & 0 \\ 0 & 0.25 & 0.625 & 0.125 & 0 \\ 0 & 0 & 1 & 0 & 0 \\ 0.125 & 0.355 & 0.25 & 0 & 0 \end{bmatrix}$$

市场环境：

$$\begin{bmatrix} 0.125 & 0.625 & 0.25 & 0 & 0 \\ 0 & 0.625 & 0.375 & 0 & 0 \\ 0.125 & 0.625 & 0.125 & 0.125 & 0 \\ 0.25 & 0.5 & 0.25 & 0 & 0 \end{bmatrix}$$

政治及政策环境：

$$\begin{bmatrix} 0 & 1 & 0 & 0 & 0 \\ 0 & 0.375 & 0.5 & 0.125 & 0 \\ 0 & 0.625 & 0.25 & 0.125 & 0 \\ 0.125 & 0.375 & 0.5 & 0 & 0 \\ 0.375 & 0.625 & 0 & 0 & 0 \\ 0 & 0.625 & 0.375 & 0 & 0 \end{bmatrix}$$

PPP项目基本特征：

$$\begin{bmatrix} 0 & 1 & 0 & 0 & 0 \\ 0 & 1 & 0 & 0 & 0 \\ 0 & 0.875 & 0.125 & 0 & 0 \\ 0.25 & 0.625 & 0.125 & 0 & 0 \\ 0 & 1 & 0 & 0 & 0 \\ 0.125 & 0.875 & 0 & 0 & 0 \\ 0.375 & 0.625 & 0 & 0 & 0 \end{bmatrix}$$

PPP项目其他特征：

$$\begin{bmatrix} 0.5 & 0.5 & 0 & 0 & 0 \\ 0.25 & 0.75 & 0 & 0 & 0 \\ 0.125 & 0.75 & 0.125 & 0 & 0 \\ 0 & 0.875 & 0.125 & 0 & 0 \end{bmatrix}$$

企业自身能力：

$$\begin{bmatrix} 0.375 & 0.625 & 0 & 0 & 0 \\ 0.5 & 0.375 & 0.125 & 0 & 0 \\ 0.5 & 0.5 & 0 & 0 & 0 \\ 0.375 & 0.625 & 0 & 0 & 0 \\ 0.125 & 0.75 & 0.125 & 0 & 0 \\ 0 & 0.75 & 0.25 & 0 & 0 \end{bmatrix}$$

B项目一级指标隶属度矩阵：

经济环境：

$$\begin{bmatrix} 0.5 & 0.5 & 0 & 0 & 0 \\ 0.875 & 0.125 & 0 & 0 & 0 \\ 0 & 1 & 0 & 0 & 0 \\ 1 & 0 & 0 & 0 & 0 \\ 0.875 & 0.125 & 0 & 0 & 0 \\ 0.375 & 0.625 & 0 & 0 & 0 \end{bmatrix}$$

市场环境：

$$\begin{bmatrix} 0.25 & 0.625 & 0.125 & 0 & 0 \\ 0.75 & 0.25 & 0 & 0 & 0 \\ 0.5 & 0.5 & 0 & 0 & 0 \\ 0.125 & 0.875 & 0 & 0 & 0 \end{bmatrix}$$

政治及政策环境：

$$\begin{bmatrix} 0 & 1 & 0 & 0 & 0 \\ 0.25 & 0.5 & 0.25 & 0 & 0 \\ 0.25 & 0.625 & 0.125 & 0 & 0 \\ 0.25 & 0.75 & 0 & 0 & 0 \\ 0.625 & 0.375 & 0 & 0 & 0 \\ 0.125 & 0.875 & 0 & 0 & 0 \end{bmatrix}$$

PPP项目基本特征：

$$\begin{bmatrix} 0 & 1 & 0 & 0 & 0 \\ 0 & 1 & 0 & 0 & 0 \\ 0 & 0.875 & 0.125 & 0 & 0 \\ 0.375 & 0.625 & 0 & 0 & 0 \\ 0 & 1 & 0 & 0 & 0 \\ 0.375 & 0.625 & 0 & 0 & 0 \\ 0.25 & 0.75 & 0 & 0 & 0 \end{bmatrix}$$

PPP项目其他特征：

$$\begin{bmatrix} 0.625 & 0.375 & 0 & 0 & 0 \\ 0.375 & 0.625 & 0 & 0 & 0 \\ 0.25 & 0.75 & 0 & 0 & 0 \\ 0 & 0.875 & 0.125 & 0 & 0 \end{bmatrix}$$

企业自身能力：

$$\begin{bmatrix} 0.625 & 0.375 & 0 & 0 & 0 \\ 0.25 & 0.75 & 0 & 0 & 0 \\ 0.5 & 0.5 & 0 & 0 & 0 \\ 0.375 & 0.625 & 0 & 0 & 0 \\ 0.25 & 0.75 & 0 & 0 & 0 \\ 0.25 & 0.75 & 0 & 0 & 0 \end{bmatrix}$$

C项目一级指标隶属度矩阵：

经济环境：

$$\begin{bmatrix} 0.125 & 0.855 & 0 & 0 & 0 \\ 0 & 0.5 & 0.5 & 0 & 0 \\ 0 & 1 & 0 & 0 & 0 \\ 0 & 0.25 & 0.75 & 0 & 0 \\ 0 & 0 & 1 & 0 & 0 \\ 0 & 0.625 & 0.375 & 0 & 0 \end{bmatrix}$$

市场环境：

$$\begin{bmatrix} 0.125 & 0.625 & 0.25 & 0 & 0 \\ 0 & 0.75 & 0.25 & 0 & 0 \\ 0.125 & 0.625 & 0.25 & 0 & 0 \\ 0.25 & 0.75 & 0 & 0 & 0 \end{bmatrix}$$

政治及政策环境：

$$\begin{bmatrix} 0 & 1 & 0 & 0 & 0 \\ 0.5 & 0.5 & 0 & 0 & 0 \\ 0.625 & 0.375 & 0 & 0 & 0 \\ 0.25 & 0.75 & 0 & 0 & 0 \\ 0.625 & 0.375 & 0 & 0 & 0 \\ 0.25 & 0.625 & 0.125 & 0 & 0 \end{bmatrix}$$

PPP项目基本特征：

$$\begin{bmatrix} 1 & 0 & 0 & 0 & 0 \\ 0 & 1 & 0 & 0 & 0 \\ 0 & 1 & 0 & 0 & 0 \\ 0.375 & 0.625 & 0 & 0 & 0 \\ 1 & 0 & 0 & 0 & 0 \\ 0.625 & 0.375 & 0 & 0 & 0 \\ 0.625 & 0.375 & 0 & 0 & 0 \end{bmatrix}$$

PPP项目其他特征：

$$\begin{bmatrix} 0.5 & 0.5 & 0 & 0 & 0 \\ 0.625 & 0.375 & 0 & 0 & 0 \\ 0.375 & 0.625 & 0 & 0 & 0 \\ 0 & 0.875 & 0.125 & 0 & 0 \end{bmatrix}$$

企业自身能力：

$$\begin{bmatrix} 0.375 & 0.625 & 0 & 0 & 0 \\ 0.375 & 0.625 & 0 & 0 & 0 \\ 0.5 & 0.5 & 0 & 0 & 0 \\ 0.5 & 0.5 & 0 & 0 & 0 \\ 0.125 & 0.875 & 0 & 0 & 0 \\ 0.375 & 0.625 & 0 & 0 & 0 \end{bmatrix}$$

D项目一级指标隶属度矩阵：

经济环境：

$$\begin{bmatrix} 0.125 & 0.855 & 0 & 0 & 0 \\ 0.125 & 0.875 & 0 & 0 & 0 \\ 0 & 1 & 0 & 0 & 0 \\ 0 & 0.875 & 0.125 & 0 & 0 \\ 0 & 1 & 0 & 0 & 0 \\ 0.25 & 0.75 & 0 & 0 & 0 \end{bmatrix}$$

市场环境：

$$\begin{bmatrix} 0.5 & 0.5 & 0 & 0 & 0 \\ 0.125 & 0.875 & 0.375 & 0 & 0 \\ 0.125 & 0.625 & 0.125 & 0.125 & 0 \\ 0.25 & 0.5 & 0.25 & 0 & 0 \end{bmatrix}$$

政治及政策环境：

$$\begin{bmatrix} 0 & 1 & 0 & 0 & 0 \\ 0.375 & 0.625 & 0 & 0 & 0 \\ 0.375 & 0.625 & 0 & 0 & 0 \\ 0.125 & 0.875 & 0 & 0 & 0 \\ 0.625 & 0.375 & 0 & 0 & 0 \\ 0.125 & 0.75 & 0.125 & 0 & 0 \end{bmatrix}$$

PPP项目基本特征：

$$\begin{bmatrix} 0 & 1 & 0 & 0 & 0 \\ 0 & 1 & 0 & 0 & 0 \\ 0 & 1 & 0 & 0 & 0 \\ 0.125 & 0.875 & 0 & 0 & 0 \\ 0 & 1 & 0 & 0 & 0 \\ 0.375 & 0.625 & 0 & 0 & 0 \\ 0.75 & 0.25 & 0 & 0 & 0 \end{bmatrix}$$

PPP项目其他特征：

$$\begin{bmatrix} 0.75 & 0.25 & 0 & 0 & 0 \\ 0.625 & 0.375 & 0 & 0 & 0 \\ 0.375 & 0.625 & 0 & 0 & 0 \\ 0 & 1 & 0 & 0 & 0 \end{bmatrix}$$

企业自身能力：

$$\begin{bmatrix} 0.625 & 0.375 & 0 & 0 & 0 \\ 0.5 & 0.375 & 0.125 & 0 & 0 \\ 0.5 & 0.5 & 0 & 0 & 0 \\ 0.375 & 0.625 & 0 & 0 & 0 \\ 0.25 & 0.75 & 0 & 0 & 0 \\ 0.375 & 0.625 & 0 & 0 & 0 \end{bmatrix}$$

E项目一级指标隶属度矩阵：

经济环境：

$$\begin{bmatrix} 0.25 & 0.75 & 0 & 0 & 0 \\ 0.125 & 0.875 & 0 & 0 & 0 \\ 0 & 1 & 0 & 0 & 0 \\ 0 & 0.625 & 0.375 & 0 & 0 \\ 0 & 0 & 1 & 0 & 0 \\ 0.25 & 0.75 & 0 & 0 & 0 \end{bmatrix}$$

市场环境：

$$\begin{bmatrix} 0.375 & 0.625 & 0 & 0 & 0 \\ 0 & 0.75 & 0.25 & 0 & 0 \\ 0.125 & 0.75 & 0.125 & 0 & 0 \\ 0.25 & 0.75 & 0 & 0 & 0 \end{bmatrix}$$

政治及政策环境：

$$\begin{bmatrix} 0 & 1 & 0 & 0 & 0 \\ 0.375 & 0.625 & 0 & 0 & 0 \\ 0.5 & 0.5 & 0 & 0 & 0 \\ 0.375 & 0.625 & 0 & 0 & 0 \\ 0.625 & 0.375 & 0 & 0 & 0 \\ 0.375 & 0.625 & 0 & 0 & 0 \end{bmatrix}$$

PPP项目基本特征：

$$\begin{bmatrix} 0 & 1 & 0 & 0 & 0 \\ 0 & 1 & 0 & 0 & 0 \\ 0 & 1 & 0 & 0 & 0 \\ 0.5 & 0.5 & 0 & 0 & 0 \\ 0 & 1 & 0 & 0 & 0 \\ 0.5 & 0.5 & 0 & 0 & 0 \\ 0.625 & 0.375 & 0 & 0 & 0 \end{bmatrix}$$

PPP项目其他特征：

$$\begin{bmatrix} 0.75 & 0.25 & 0 & 0 & 0 \\ 0.75 & 0.25 & 0 & 0 & 0 \\ 0.5 & 0.5 & 0 & 0 & 0 \\ 0 & 1 & 0 & 0 & 0 \end{bmatrix}$$

企业自身能力：

$$\begin{bmatrix} 0.625 & 0.375 & 0 & 0 & 0 \\ 0.25 & 0.75 & 0 & 0 & 0 \\ 0.375 & 0.625 & 0 & 0 & 0 \\ 0.5 & 0.5 & 0 & 0 & 0 \\ 0.125 & 0.875 & 0 & 0 & 0 \\ 0.375 & 0.625 & 0 & 0 & 0 \end{bmatrix}$$

利用公式（5.11）~（5.15）得到各项目底层指标的客观权重。

例如，A项目6个一级指标的熵权向量为：

$B_{A1}=(0.16\ 0.25\ 0.15\ 0.12\ 0.17\ 0.15)$,

$B_{A2}=(0.21\ 0.25\ 0.15\ 0.39)$

$B_{A3}=(0.25\ 0.15\ 0.18\ 0.18\ 0.07\ 0.17)$

$B_{A4}=(0.12\ 0.07\ 0.16\ 0.18\ 0.22\ 0.16\ 0.09)$

$B_{A5}=(0.14\ 0.12\ 0.17\ 0.21\ 0.18\ 0.03)$

$B_{A6}=(0.24\ 0.16\ 0.12\ 0.15\ 0.14\ 0.19)$

结合第4章，通过得到的二级主观权重，根据（公式5.16）将得到指标模糊算子取“点乘”的形式计算出的组合权重，并得到综合评价隶属度矩阵。

通过计算得到A项目“经济环境”的综合评价隶属度矩阵为（0.2289 0.3186 0.2452 0.1842 0.0232 0），综合评价值为8.32；“市场环境”的综合评价隶属度矩阵为（0.4289 0.5711 0 0），综合评价值为8.58；“政治及政策环境”的综合评价隶属度矩阵为（0.1502 0.3951 0.2481 0.1724 0.0243 0），综合评价值为8.55；PPP项目基础指标的综合评价隶属度矩阵为（0.4565 0.5435 0 0），综合评价值为8.41；PPP项目其他指标的综合评价隶属度矩阵为（0.1896 0.3212 0.2268 0.2673 0 0），综合评价值为8.39；企业自身能力的隶属度矩阵为（0.2683 0.2921 0.3226 0.1270 0 0），综合评价值则为8.65。

6.2.4 多个项目的投资决策

在取得了5个项目的各层级指标的综合评价值以后，在这个阶段，本书对5个项目进行综合评价，评价值为6个一级指标的熵权值模糊综合评价值。经过上阶段计算后得到综合评价值表（见表6-19）。

表6-19 模糊综合样本矩阵

项目 指标	RA	RB	RC	RD	RE
经济环境	8.32	8.89	8.19	8.11	7.92
市场环境	8.58	8.73	8.45	8.24	8.16
政治及政策环境	8.55	8.58	8.61	8.45	8.58
PPP项目基本特征	8.41	8.51	8.61	8.56	8.46
PPP项目其他特征	8.39	8.43	8.47	8.41	8.52
企业自身能力	8.65	8.82	8.68	8.84	8.71

为了方便不同量纲指标的对比，对综合评价值6个指标均为正极性指标，即“越大越好型”指标，利用正负极性指标转化（公式5.11）、（公式5.12），得到统一效果测度矩阵（见表6-20）。

表 6-20　　　　综合测度矩阵

项目 指标	VA	VB	VC	VD	VE
经济环境	0.91	1.0	0.88	0.79	0.78
市场环境	0.92	1.0	0.89	0.88	0.79
政治及政策环境	0.96	0.93	0.98	0.93	0.81
PPP项目基本特征	0.86	0.88	1.0	0.97	0.96
PPP项目其他特征	0.87	0.92	0.98	0.83	1.0
企业自身能力	0.96	0.98	0.89	0.99	0.93

从综合测度矩阵的初步结果来看，C项目在PPP项目基本特征表现最好，B项目在经济环境、市场环境、企业自身能力和政治及政策环境占据较好的优势，这也因为B项目所在地经济发展程度较高的原因。D项目的基本特征指标评价相对其他项目要更为胜出。

将计算出的综合测度矩阵代入（公式5.11）~（公式5.15），得到统一效果测度矩阵的熵权值 B_t =（0.14 0.11 0.10 0.31 0.22 0.12），即指标的客观权重。结合第4章得到的一级指标的主观权重 W_1 =（0.0288 0.05328 0.3769 0.2953 0.1407 0.1049），利用（公式5.16）计算得到组合权重 ω =（0.022 0.032 0.206 0.501 0.169 0.068），最后根据模糊综合评价法的步骤可以得到计算项目综合评价值：V = ω × R。

因此A项目综合评价值：

$V^A=0.022\times0.91+0.032\times0.92+0.206\times0.96+0.501\times0.86+0.169\times0.87+0.068\times0.96$

B项目综合评价值：

$V^B=0.022\times1.0+0.032\times1.0+0.206\times0.93+0.501\times0.88+0.169\times0.92+0.068\times0.98$

C项目综合评价值：

$V^C=0.022\times0.88+0.032\times0.89+0.206\times0.98+0.501\times1.0+0.169\times0.98+0.068\times0.89$

D项目综合评价值：

$V^D=0.022\times0.79+0.032\times0.88+0.206\times0.93+0.501\times0.97+0.169\times0.83+0.068\times0.99$

E项目综合评价值：

$V^E=0.022\times0.78+0.032\times0.79+0.206\times0.81+0.501\times0.96+0.169\times1.0+0.068\times0.93$

测得各项目的综合效果测度为 $r^A=0.89365$，$r^B=0.92232$，$r^C=0.95394$，$r^D=0.93659$，$r^E=0.91906$，根据结果，项目的优选化排序应当为{C, D, B, E, A}。决策时，可以根据综合评价值选取r最大的max{C, D, B, E, A}，因此如果做有限选择时，应当首先考虑C项目。

6.3 基于群决策理论的PPP项目投资决策模型的优点

通过本书所构建的PPP项目投资决策模型评出来的顺序为{C, D, B, E, A}，而如果采用传统的投资收益率模型则顺序为C（16.2%）> E（14.85%）> A（13.73%）> D（13.37%）> B（13.14%），如果仅仅考虑财务指标所做出的投资决策可能与使用本书所构建的投资决策模型的决策结果存在差异，因此本书所构建的投资决策模型与传统的财务指标决策模型相比有以下几个优点：

（1）模型的构建更为全面及综合，不但考虑了财务指标的影响，同时也从宏微观、多维度、多视角考虑了组织内外部的非财务指标等的影响，并通过专家经验将这些因素予以量化并加入决策模型，使得决策不局限于项目的经济表现。

（2）更加适用于PPP项目的投资决策，PPP项目生命周期长、投资规模大，风险程度以及风险的敏感度相比于一般的投资项目要更高，因此更需要考虑投资收益波动的可能性并识别相关风险。

（3）相比于传统的财务评价模型更注重考虑群体的决策优势，充分发挥每一个决策参与者的经验和能力，使得项目风险识别更为全面，深入挖掘每一个对项目的收益造成潜在影响的因素。

第7章
结论及展望

7.1 研究结论

本书在文献阅读和理论分析的基础上，以SJ公司的PPP项目投资管理制度为指导，通过专家访谈、问卷调查，构建基于群决策理论的PPP项目投资决策模型，并通过案例对该模型的科学性和可操作性进行检验。由此得出以下结论：

（1）在PPP模式的两大核心主体中，政府方为了规范PPP项目运作，出台了一系列政策、法律和规章制度。而这些政策、法律和规章制度，只有在社会资本方的配合下才能有效落地，这就需要社会资本方将PPP项目规范化和标准化列入企业经营管理体系。此外，从我国目前PPP实践来看，社会资本方主要以国有建筑施工企业为主。国有建筑施工企业历来以工程总承包为主业，通常只建设不运营，而PPP项目涉及投资、融资、建设、运营、移交等多个环节，涉及知识面广、专业要求高、综合复杂性强、流程繁杂冗多，受到众多的法规政策约束，因此，对国有建筑施工企业而言，PPP模式是一个新的业务挑战。同时，PPP模式因投资规模大、持续周期长，相较于传统建设模式更具有风险性和不确定性。如何在合理识别PPP项目风险的基础上进行PPP项目的投资决策是保证项目成功的关键因素。因此，为了规范PPP项目投资经营行为，防范投资风险，提高投资收益，建立PPP项目投资管理制度便成为当务之急。而SJ公司在这方面获得了有益的成果，可供同行参考，本书对此进行了介绍。

（2）在PPP项目投资管理制度中，PPP项目投资过程中涉及的因素、各因素的重要程度、投资决策模型的构建是需要重点考虑的问题之一。从目前的文献来看，国内外学者在这方面的成果颇多，但也有一些需要完善的地方。本书以群决策理论为指导，采用多种决策方法构建了PPP项目投资决策模型。

（3）在模型构建过程中，首先在指标选取方面，在分析指标体系的构建原则及设计思路的基础上，通过文献阅读初选指标，基于专家访谈进行指标的第一次筛选，并通过问卷调查法和MA-OWA算子进行指标的第二次筛选，对所选指标体系的数据来源和评价依据进行了分析；其次在指标权重的确定及模型构建方面，组织富有经验的专家对一级指标利用判断矩阵进行打分，并运用群组AHP聚类分析法判断矩阵确定一级指标的权重，对二级指标仍然采用MA-OWA算子方法得到各个指标的主观权重，接着将两种权重归一化得到综合主观权重。最后运用基于熵权法的群决策模糊综合评价首先确定各指标的客观权重，然后确定综合评价方法。

（4）结合SJ公司5个具体的PPP项目对模型的合理性和可操作性进行检验，结果显示，相较于传统的财务评价模型，该模型具有3个优点：①更为全面及综合，不但考虑了财务指标的影响，同时也多维度、多视角地考虑了组织内外部的非财务指标等的影响，并通过专家经验将这些因素予以量化并加入决策模型，使得决策不局限于项目的经济表现。②更加适用于PPP项目的投资决策，PPP项目生命周期长、投资规模大，风险程度以及风险的敏感度相较于一般的投资项目要更高，因此更需要考虑投资收益波动的可能性并识别相关风险。③更注重考虑群体的决策优势，充分发挥每一个决策参与者的经验和能力，来对每一个影响项目收益的潜在因素进行深入挖掘，使得项目风险的识别更为全面。

根据访谈结果和研究结论，本书做出以下政策建议：

（1）继续推进PPP项目全生命周期流程中相关法律制度等规范的建立，明确立法机构职能，推动形成国家层面的法律体系，保障社会资本方的利益。例如，对政府财政补贴做出明确的法律规定。同时，解决因主体不同而产生的制度和政策冲突，形成一套系统的法律体系。另外，还应当规范与完善PPP模式运行中争议问题的解决机制，做出详细的解释与指导，减少相应的政策风险。

（2）进一步强化金融创新，利用创新投融资模式服务PPP项目实体。尽管PPP项目不单纯以融资为目的，但是融资情况却是PPP项目成败的关键因素，因此，创新投融资模式就显得尤为重要。例如，加大力度推进PPP项目专项债券、PPP项目资产证券化等新型融资方式的试点与突破。创造更多更科学的融资工具，引入更多“源头活水”拓展融资渠道，解决目前社会资本方在PPP项目投融资过程中遇到的融资困境，激活社会资本方投资活力。

（3）进一步提升政府信用与形象，既要保障地方财政和PPP项目信息的充分透明化，又要保证地方政府性债务的合理结构与相应的风险控制。这种财政风险防控应当力争覆盖PPP项目的全生命周期。同时，健全地方政府的信用体系建设，提高法律规章对地方政府的信用监管，避免地方政府领导人短期化行为对PPP项目及市场潜力的负面影响。

7.2 研究展望

本书的不足主要体现在：

(1) 本书采用了SJ公司投资的5个PPP项目作为案例进行研究，由于项目样本数量有限，无法随着企业多元化的经营、经营理念的更新、市场环境的不断变化而变化，可能会对该结论的普适性存在一定影响。未来可从多案例、多角度进行研究以验证本书的结论。

(2) 本书从项目本身、项目参与者的能力、外部环境三个层面对我国建筑企业参与PPP项目投资决策进行研究，识别出了6大因素，但各个因素划分较为宽泛，而且各因素间可能也存在一定的相互影响。本书仅以定性分析的方式研究了各因素对投资决策的影响程度，未能掌握更多充分的数据进行深入的定量分析，也未对各因素间的相互影响进行研究。

对于PPP项目投资决策模型，未来可以采用定量分析和定性分析相结合的方式来研究各因素对投资决策的影响，并对决策结果进行跟踪研究。在具有丰富PPP项目数据的将来，不但可以使用更为系统和全面的量化分析方法，而且还可以采用数理分析的方法对各因素间的相互作用机制进行研究。从投资主体的角度来看，研究还可以将PPP项目的投资主体扩展至大型国有建筑企业之外，更加系统和全面地分析PPP项目投资决策模型。同时，对投资决策指标体系的构建也可以随着PPP模式不断地成熟而拓展得更为完善，将来可以运用更多的、更先进的数理分析方法系统化、科学化地对PPP项目投资决策进行模型研究，为社会资本方乃至政府方进行PPP项目的投资决策建言献策。

参考文献

[1] AMEYAW E E, CHAN A P C . Evaluation and ranking of risk factors in public private partnership water supply projects in developing countries using fuzzy synthetic evaluation approach [J]. Expert Systems with Applications, 2015, 42 (12): 5102-5116.

[2] BRINKERHOFF D W, BRINKERHOFF J M. Public private partnerships: Perspectives on purposes, publicness, and good governance [J]. Public Administration & Development, 2011, 31 (1): 2-14.

[3] CARRANZA L, DAUDE C, MELGUIZO A. Public infrastructure investment and fiscal sustainability in Latin America: Incompatible goals? [J]. OECD Development Centre Working Papers, 2011, 41 (1): 29-50 (22).

[4] CHOU J S, PRAMUDAWARDHANI D. Cross-country comparisons of key drivers, critical success factors and risk allocation for public-private partnership projects [J]. International Journal of Project Management, 2015, 33 (5): 1136-1150.

[5] CHOU J S, TSERNG H P, LIN C, et al. Critical factors and risk allocation for PPP policy: Comparison between HSJ and general infrastructure projects [J]. Transport Policy, 2012, 22 (3): 36-48.

[6] DEMIRAG I, KHADAROO I, STAPLETON P, et al. Risks and the financing of PPP: Perspectives from the financiers [J]. British Accounting Review, 2011, 43 (4): 294-310.

[7] FROUD J. The private finance initiative: Risk, uncertainty and the state [J]. Accounting Organizations & Society, 2003, 28 (6): 567-589.

[8] GRIMSEY D , LEWIS M K . Evaluating the risks of public private partnerships for infrastructure projects [J]. International Journal of Project Management, 2002, 20 (2): 107-118.

[9] HAMMAMI M, RUHASHYANKIKO J F, YEHOUE E B. Determinants of public-private partnerships in infrastructure [J]. Social Science Electronic Publishing, 2011, 6 (99).

[10] HATUSH Z , SKITMORE M . Evaluating contractor prequalification data: Selection criteria and project success factors [J]. Construction Management & Economics, 1997, 15 (2): 129-147.

[11] HWANG C L , LIN M J . Group decision making under multiple criteria [M]. Berlin : Springer Berlin Heidelberg, 1987.

[12] KE Y, WANG S Q, CHAN A P C, et al. Preferred risk allocation in China's public private partnership (PPP) projects [J]. International Journal of Project Management, 2010, 28 (5): 482-492.

[13] LIANG X. An intuitionistic fuzzy weighted OWA operator and its application [J]. International Journal of Machine Learning & Cybernetics, 2013, 4 (6): 713-719.

[14] LUCE, RAIFFA R D A. Games and decisions [J]. Physics Today, 1958, 11 (3): 33-34.

[15] LYONS T , SKITMORE M . Project risk management in the Queensland engineering construction industry: A survey [J]. International Journal of Project Management, 2004, 22 (1): 51-61.

[16] Mitchell H B. A correlation coefficient for intuitionistic fuzzy sets [J]. International Journal of Intelligent Systems, 2004 (19): 483-490.

[17] SACHS T, TIONG R, WANG S Q. Analysis of political risks and opportunities in public private partnerships (PPP) in China and selected Asian countries [J]. Chinese Management Studies, 2007, 1 (2):

126–148.

[18] SCHERRER W. Changing reasons for public private partnerships (PPPs) [J]. Public Money & Management, 2010, 30 (1): 27–34.

[19] SHARMA C. Determinants of PPP in infrastructure in developing economies [J]. Transforming Government People Process & Policy, 2012, 6 (2): 149–166.

[20] SIMON H A. On how to decide what to do [J]. Bell Journal of Economics, 1978, 9 (2): 494–507.

[21] TVERSKY K A . Prospect theory: An analysis of decision under risk [J]. Econometrica, 1979, 47 (2): 263–292.

[22] VAGLIASINDI M. The role of policy driven incentives to attract PPPs in renewable-based energy in developing countries: A cross-country analysis [J]. Social Science Electronic Publishing, 2012.

[23] WIBOWO A , WILHELM ALFEN H . Fine-tuning the value and cost of capital of risky PPP infrastructure projects [J]. Engineering, Construction and Architectural Management, 2013, 20 (4): 406–419.

[24] XU Y, LU Y, CHAN A P C, et al. A computerized risk evaluation model for public-private partnership (PPP) projects and its application [J]. International Journal of Strategic Property Management, 2012, 16 (3): 277–297.

[25] YAGER R R. On ordered weighted averaging aggregation operators in multicriteria decision making [J]. Readings in Fuzzy Sets for Intelligent Systems, 1988, 18 (1): 80–87.

[26] 曹翔宇，孟枫平．基于AHP–模糊综合评价法的PPP项目投资风险评价研究［J］．天津商业大学学报，2017，37（1）：60–67.

[27] 邓小鹏，华建革，李启明，等．PPP项目风险分担方式研究［J］．建筑经济，2008（12）：62–66.

［28］高阳，罗贤新，胡颖．基于判断矩阵的专家聚类赋权研究［J］．系统工程与电子技术，2009，31（3）：593-596．

［29］郝德强．基于净现值修正模型的PPP项目物有所值评价［J］．会计之友，2018，No.591（15）：92-95．

［30］赫荣平．论政府信用的构建［J］．辽宁行政学院学报，2008（10）：19-20，22．

［31］侯晓东，杨江平，王永攀，等．一种基于改进群组AHP法的指标权重确定方法［J］．现代防御技术，2016，44（5）：149-154，20．

［32］黄崇超，李亚萍，刘为正．一种基于最小二乘的群组AHP方法［J］．数学的实践与认识，2003（4）：46-49．

［33］贾康，孙洁．公私合作伙伴关系（PPP）的概念、起源与功能［J］．中国政府采购，2014（6）：12-21．

［34］柯永建，王守清，陈炳泉．私营资本参与基础设施PPP项目的政府激励措施［J］．清华大学学报（自然科学版），2009（9）：1480-1483．

［35］李金龙，丁欣．供给侧结构性改革中PPP应用于城市污水处理的实证研究——以C市为例［J］．云南社会科学，2017（3）：135-142．

［36］李妍，赵蕾．新型城镇化背景下的PPP项目风险评价体系的构建——以上海莘庄CCHP项目为例［J］．经济体制改革，2015（5）：17-23．

［37］刘洪波，刘洁．PPP项目吸引社会资本参与的动力因素实证分析［J］．商业经济研究，2016（3）：29-31．

［38］刘星，张超，辛清泉．融资约束还是需求冲击?——金融危机期间中国上市公司资本投资研究［J］．金融研究，2016（11）：80-95．

［39］刘阳，秦凤鸣．基础设施规模与经济增长：基于需求角度的分析［J］．世界经济，2009（5）：18-26．

[40] 罗煜，王芳，陈熙. 制度质量和国际金融机构如何影响PPP项目的成效——基于“一带一路”46国经验数据的研究 [J]. 金融研究，2017 (4)：61-77.

[41] 毛亮，刘畅. 基于模糊综合评价法的PPP项目投资风险分析 [J]. 会计之友，2018 (15)：94-100.

[42] 彭桃花，赖国锦. PPP模式的风险分析与对策 [J]. 中国工程咨询，2004 (7)：11-13.

[43] 亓霞，柯永建，王守清. 基于案例的中国PPP项目的主要风险因素分析 [J]. 中国软科学，2009 (5)：107-113.

[44] 施颖，刘佳. 基于PPP模式的城市基础设施特许经营期决策研究 [J]. 当代经济管理，2015，37 (6)：18-23.

[45] 唐祥忠，张凡立. 基于实物期权的居家养老PPP项目投资决策研究 [J]. 建筑经济，2018，39 (10)：56-59.

[46] 王俊豪，付金存. 公私合作制的本质特征与中国城市公用事业的政策选择 [J]. 中国工业经济，2014 (7)：96-108.

[47] 王莲乔，马汉阳，孙大鑫，等. PPP项目财务风险：融资结构和宏观环境的联合调节效应 [J]. 系统管理学报，2018 (1)：83-92.

[48] 王守清，柯永建. 中国的BOT/PPP实践和经验 [J]. 投资北京，2008 (10)：82-83.

[49] 王守清，刘婷. 对加强我国PPP项目监管的建议 [J]. 经济研究参考，2014 (60)：14-15.

[50] 卫志民，孙杨. 民营企业参与“PPP项目”的制约因素分析 [J]. 江苏行政学院学报，2016 (3)：56-61.

[51] 温来成. 现阶段我国PPP模式推广中的几个关键问题分析 [J]. 会计之友，2016 (6)：2-7.

[52] 吴思康，刘穷志. PPP成长的宏观环境：中国的证据 [J]. 中南财经政法大学学报，2017 (2)：68-76.

[53] 吴孝灵，陆冰，石岿然，等. 政府补偿情景下考虑私人损失规避的PPP项目投资决策模型［J］. 系统管理学报，2016，25（4）：683-690.

[54] 向鹏成，黄四宝，蒋秋燕. 基于SEM的PPP项目监管绩效影响因素分析［J］. 建筑经济，2017，38（4）：56-61.

[55] 许华江，施智辉. 基于蒙特卡洛法的EPC+PPP项目投资风险评估［J］. 中国港湾建设，2017，37（7）：113-116.

[56] 杨雷，李晓震，沈伟. 浅析PPP模式下公路工程项目投资回报［J］. 财会学习，2017（9）：233-234.

[57] 杨宁. PPP模式存在的风险及其风险管理对策研究——基于“一带一路”合作框架的分析［J］. 北京经济管理职业学院学报，2017，32（3）：10-17.

[58] 于洋，简迎辉. 基于实物期权的城市供水PPP项目投资决策分析［J］. 水利经济，2017，35（3）：22-25，41，76.

[59] 余逢伯. 新常态下PPP模式的机遇、挑战与对策［J］. 金融论坛，2015（8）：75-80.

[60] 张红平，叶苏东. 基于AHP-DEMATEL的PPP项目关键成功因素相互关系研究［J］. 科技管理研究，2016，36（22）：203-207.

[61] 张惠琴，王金春，陶虹琳. 基于前景理论的PPP项目投资者决策行为研究［J］. 软科学，2018，32（8）：129-133.

[62] 张倩，尹贻林. 中国情境下施工企业参与PPP项目两标并一标的激励研究［J］. 项目管理技术，2018，16（7）：47-52.

[63] 张水波，郑晓丹. 经济发展和PPP制度对发展中国家基础设施PPP项目的影响［J］. 软科学，2015（7）：25-29.

[64] 张秀莲，王凯. 我国农村基础设施投入区域差异分析［J］. 财经科学，2012，（4）：77-84.

[65] 郑传斌，丰景春，薛松，等. PPP关键成功因素对绩效影响

的实证研究——以付费类型和关系态度为调节变量［J］. 软科学，2018（4）：124-128.

［66］郑子龙. 政府治理与PPP项目投资：来自发展中国家面板数据的经验分析［J］. 世界经济研究，2017（5）：62-77.

［67］周正祥，张秀芳，张平. 新常态下PPP模式应用存在的问题及对策［J］. 中国软科学，2015（9）：82-95.

［68］朱佳俊，郑建国. 群决策理论、方法及其应用研究的综述与展望［J］. 管理学报，2009，6（8）：1131-1136.

附录1

问卷调查表

尊敬的各位先生/女士：

首先，非常感谢您在百忙之中抽空完成此次调查问卷。

这是一份学术性问卷，目的是了解企业在PPP项目决策和投标构成中的影响因素。问卷将采用匿名方式，我们保证只会将调查结果用于学术研究，不会对您和您的公司造成任何不利影响，请您放心答卷。请您耐心作答，您的真实回答对我们学术研究的准确性至关重要！

对您的大力支持表示由衷的感激！

1 基本资料

1.您所在的公司类型：

□集团公司 □分公司 □子公司

2.您所在的部门：

□财务部 □工程管理中心 □金融管理部 □投资发展部 □法律法规部

□市场营销部 □战略规划部 □工程经济部 □其他______

3.您所参与的PPP项目的次数：

□2次及以下 □3-5次 □5-8次 □8-10次 □10次以上

4.您参与PPP项目投资工作的年限：

□2年及以下 □3-5年 □5年以上

5.您的职称：□初级 □中级 □高级

6.您所参与的PPP项目领域（可多选）：

□市政工程 □交通运输 □生态建设和环境保护 □城镇综合开发

□政府基础设施 □养老 □水利建设 □保障性安居工程 □其他______

2 PPP项目决策程序调查表

1.决策前，决策者对于PPP项目各方面信息都有充分的了解：
□非常同意 □同意 □有点同意 □有点不同意 □不同意

2.决策前，决策者已经收集与问题相关的文件与资料，充分并且齐全：
□非常同意 □同意 □有点同意 □有点不同意 □不同意

3.决策是由相关成员经过多次正式讨论所制定的：
□非常同意 □同意 □有点同意 □有点不同意 □不同意

4.决策是由决策者个人或者少数持相同意见的决策者所制定的：
□非常同意 □同意 □有点同意 □有点不同意 □不同意

5.对于投标项目，通常由少数决策者主观判断所决定：
□非常同意 □同意 □有点同意 □有点不同意 □不同意

6.对于PPP项目投标，通常依照客观的标准（风险、获利、损失等）进行评估：
□非常同意 □同意 □有点同意 □有点不同意 □不同意

7.PPP项目的投标决策存在由多部门共同参与的群体评审环节：
□非常同意 □同意 □有点同意 □有点不同意 □不同意

3 已落地项目对新投资PPP项目投资决策的影响

1.已落地项目中所获取的经验对于新项目初期阶段的筛选有帮助：
□非常同意 □同意 □有点同意 □有点不同意 □不同意

2.已落地项目中所获取的经验对于新项目的投标阶段的决策有帮助：
□非常同意 □同意 □有点同意 □有点不同意 □不同意

3.已落地项目中所获取的经验对于与政府就项目所进行的后续谈判有帮助：
□非常同意 □同意 □有点同意 □有点不同意 □不同意

4 PPP项目投资决策影响因素调查表

以下是通过经济因素等5种类型的因素对可能影响PPP项目投资决策的因素进行的汇总分析，问卷将包含两种类型的问题，其中一种是针对不同维度和类型的影响因素是否以及在多大程度上影响您投资决策而设计的问题，请您结合实际工作中的经历和状况，考虑以下5种类型因素对于您进行PPP项目投资决策的影响程度，勾选出您认为最符合您的观点的答案。

4.1 经济环境

1.宏观经济指标波动：

□非常重要 □重要 □一般 □不太重要 □可以忽略

2.项目所在地基本经济规模：

□非常重要 □重要 □一般 □不太重要 □可以忽略

3.项目所在地经济增长速度：

□非常重要 □重要 □一般 □不太重要 □可以忽略

4.项目所在地城市化程度：

□非常重要 □重要 □一般 □不太重要 □可以忽略

5.项目所在地经济结构的稳定性：

□非常重要 □重要 □一般 □不太重要 □可以忽略

6.项目所在地人均收入水平：

□非常重要 □重要 □一般 □不太重要 □可以忽略

7.项目所在地政府债务规模和结构：

□非常重要 □重要 □一般 □不太重要 □可以忽略

4.2 市场环境

1.项目所需相关资源的市场价格及未来波动情况：

□非常重要 □重要 □一般 □不太重要 □可以忽略

2.项目所在地人口规模：

□非常重要 □重要 □一般 □不太重要 □可以忽略

3.项目所在地人口流动情况：

□非常重要 □重要 □一般 □不太重要 □可以忽略

4.项目所在地市场自由度：

□非常重要 □重要 □一般 □不太重要 □可以忽略

5.项目未来市场需求及波动情况：

□非常重要 □重要 □一般 □不太重要 □可以忽略

4.3 政策及政治环境

1.PPP模式相关政策变动程度：

□非常重要 □重要 □一般 □不太重要 □可以忽略

2.项目所在地政府诚信度：

□非常重要 □重要 □一般 □不太重要 □可以忽略

3.项目所在地政府办事办公效率：

□非常重要 □重要 □一般 □不太重要 □可以忽略

4.项目所在地政府相关PPP项目经验：

□非常重要 □重要 □一般 □不太重要 □可以忽略

5.地方政府出台的有关PPP模式的激励措施和优惠政策：

□非常重要 □重要 □一般 □不太重要 □可以忽略

6.项目的公众支持度：

□非常重要 □重要 □一般 □不太重要 □可以忽略

4.4 PPP项目自身特征影响

1.项目是否入库：

□非常重要 □重要 □一般 □不太重要 □可以忽略

2.项目入库级别：

□非常重要 □重要 □一般 □不太重要 □可以忽略

3.项目投资规模：

□非常重要 □重要 □一般 □不太重要 □可以忽略

4.项目的合法合规性：

□非常重要 □重要 □一般 □不太重要 □可以忽略

5.项目投资收益率：

□非常重要 □重要 □一般 □不太重要 □可以忽略

6.是否有可行的投融资方案：

□非常重要 □重要 □一般 □不太重要 □可以忽略

7.项目所在地地方政府对竞争限制的承诺（经营性项目）：

□非常重要 □重要 □一般 □不太重要 □可以忽略

4.5 PPP项目其他特征

1.项目符合公司战略：

□非常重要 □重要 □一般 □不太重要 □可以忽略

2.项目有明确且合理的风险分担程序：

□非常重要 □重要 □一般 □不太重要 □可以忽略

3.项目容易受到气候及不可抗力等自然灾害影响：

□非常重要 □重要 □一般 □不太重要 □可以忽略

4.项目有明确的退出机制：

□非常重要 □重要 □一般 □不太重要 □可以忽略

4.6 施工企业自身能力影响

1.投标报价能力：

□非常重要 □重要 □一般 □不太重要 □可以忽略

2.项目运营维护能力：

□非常重要 □重要 □一般 □不太重要 □可以忽略

3.企业的技术水平是否足以满足项目的技术要求：

□非常重要 □重要 □一般 □不太重要 □可以忽略

4.公司对项目的管理能力：

□非常重要 □重要 □一般 □不太重要 □可以忽略

5.核心技术及管理人员：

□非常重要 □重要 □一般 □不太重要 □可以忽略

6.建设所需的主要的机械设备能力及资源的获取能力：

□非常重要 □重要 □一般 □不太重要 □可以忽略

7.拥有类似PPP项目的相关经验：

□非常重要 □重要 □一般 □不太重要 □可以忽略

8.企业资金与经济实力：

□非常重要 □重要 □一般 □不太重要 □可以忽略

4.7 PPP项目联合体合作伙伴决策的影响因素

1. 合作伙伴所有权性质：
□非常重要 □重要 □一般 □不太重要 □可以忽略

2. 合作伙伴经济实力：
□非常重要 □重要 □一般 □不太重要 □可以忽略

3. 合作伙伴财务状况：
□非常重要 □重要 □一般 □不太重要 □可以忽略

4. 合作伙伴履约能力：
□非常重要 □重要 □一般 □不太重要 □可以忽略

5. 合作伙伴诚信度：
□非常重要 □重要 □一般 □不太重要 □可以忽略

6. 合作伙伴相关类似项目的经验：
□非常重要 □重要 □一般 □不太重要 □可以忽略

7. 合作伙伴PPP项目建设及运营的经验：
□非常重要 □重要 □一般 □不太重要 □可以忽略

8. 合作伙伴与所在企业的合作经历：
□非常重要 □重要 □一般 □不太重要 □可以忽略

9. 合作伙伴专业技术能力：
□非常重要 □重要 □一般 □不太重要 □可以忽略

10. 合作伙伴对于风险的管控能力的诉求：
□非常重要 □重要 □一般 □不太重要 □可以忽略

11. 合作伙伴之间的差异互补：
□非常重要 □重要 □一般 □不太重要 □可以忽略

12. 合作伙伴之间企业文化的兼容性：
□非常重要 □重要 □一般 □不太重要 □可以忽略

13. 合作伙伴的组织管理能力：
□非常重要 □重要 □一般 □不太重要 □可以忽略

14. 合作伙伴的运营维护能力：
□非常重要 □重要 □一般 □不太重要 □可以忽略

15. 合作伙伴的融资能力：
□非常重要 □重要 □一般 □不太重要 □可以忽略

16. 合作伙伴利益需求与公司利益之间的冲突：
□非常重要 □重要 □一般 □不太重要 □可以忽略

附录2
需要用到的MATLAB程序

①MA-OWA算子

```
Function b=MA（a）
%采用MA-OWA算子计算M个专家对N个指标的评价之集结%
[M，N] =size（a）;
b=zeros（1，N）;
u=1; t=0; i=1; j=0;
for u=1：N;
  p=zeros（M，M）;
 for i=1：M;     %将分数按类别从小到大进行排列，冒泡法
   j=i+1;
  while （j<=M）
     if（a（j，u）<a（i，u））
      t=a（i，u）;
      a（i，u）=a（j，u）;
      a（j，u）=t;
     end
     j=j+1;
  end
  i=i+1;
end
j=1; k=1;
for j=1：M
```

```
    for k=1: M
      if(j~=1&&(j+k-1)<=M&&a(j,u)==a(j+k-1,u)&&a(j,u)~=a(j-1,u))
        p (k, j) =1;
      end
      if (j==1&&k>=1&&a (j, u) ==a (k, u) )
        p (k, j) =1;
      end
      k=k+1;
    end
j=j+1;
end
g=ones (1, M);   %g矩阵的计算
i=1;
  for i=1: (M-1)
      if (a (i+1, u) ==a (i, u) )
          g (i+1) =g (i) +1;
      else g (i+1) =1;
      end
     i=i+1;
  end
h=zeros (1, M);
    for j=1: M
      h (1) =h (1) +p (1, j);
      j=j+1;
    end
    for k=2: M
      for j=1: (M-k+1)
```

```
      h (k) =h (k) +p (k, j);
      j=j+1;
    end
   h (k) =h (k) +1;
   k=k+1;
  end
w=ones (1, M);
  for i=1: M
   for j=g (i): M
     w (i) =w (i) *h (j);
     j=j+1;
   end
  w (i) =1/w (i);
  i=i+1;
  end
  for i=1: M
   b (u) =b (u) +w (i) *a (i, u);
   i=i+1;
   u=u+1;
   end
##################################################
%计算m个专家对n个指标的客观权重
[m, n] =size (a);
x=zeros (1, n)  %专家评分
for (i) =1: m  % m个专家
          k=k+a (i, j);
   i=i+1;
```

```
for（j）=1：n   % n个指标
  k=0
    end
  x（j）=k
   j=j+1
     end
for（i）=1：m
 k=k+（a（i，j）/e（j）*log（a（i，j）/e（j））
  for（j）=1：n
  k=0
  i=i+1
 end
  x（j）=k   %专家集合
  k=-1/log（m）*k
  j=j+1
end
  b=zeros（1，n）
  for i=1：n
  b（i）=（1-x（i））/（n-sum（x））
  i=i+1
end
##################################################
```

②矩阵一致性检验

```
disp（'请输入判断矩阵A（n阶）'）；
A=input（'A='）；
[n，n]=size（A）；
[x，d]=eig（A）；
```

```
Diag=diag（d）;
[zhi, index] =max（Diag）;
xiangliang=x（:, index）;
Prod=prod （xiangliang）;
for i=1: n
xiangliang（i） =xiangliang（i）^（1/n）;
end
disp（'权向量'）; disp（xiangliang）;
disp（'最大特征值'）; disp（zhi）;
CI=(zhi-n)/(n-1); RI=[0 0 0.52 0.89 1.12 1.26 1.36 1.41 1.46 1.49 1.52
1.54 1.56 1.58 1.59];
CR=CI/RI（n）;
if CR<0.10
disp（'此矩阵的一致性可以接受!'）;
disp（'CI='）; disp（CI）;
disp（'CR='）; disp（CR）;
else
disp（'此矩阵的一致性不可以接受!'）;
end
```

索引